CROIRE AUX FORCES DE L'ESPRIT

Marie de Hennezel

Croire aux forces de l'esprit

récit

Fayard-Versilio

Couverture : Ô Majuscule
Photographie : coll. part.

ISBN : 978-2-213-70141-7
Dépôt légal : septembre 2016

À François Mitterrand

Tout ce qui suit s'inspire du journal
que j'ai tenu pendant douze ans,
de 1984 à 1996.

LE PRÉSIDENT DE LA RÉPUBLIQUE

Paris, le 14 novembre 1984

Madame,

Vous l'avez souhaité : votre lettre m'aide. Je vous en remercie.
J'aimerais vous connaître. Est-ce possible ?
Il vous suffit de me le dire.
Le mot correspondance a pour moi son véritable sens, grâce à vous.

Croyez, Madame, en mes sentiments personnels de gratitude

François Mitterrand

« Jadis il y avait une hauteur. »

Paul Celan.

« Et il y a bien aussi des instants où un homme devant toi se détache, calme et clair sur fond de sa splendeur. Ce sont des fêtes rares, que tu n'oublies jamais. Cet homme désormais, tu l'aimes. C'est-à-dire, tu t'appliques de tes mains tendres à copier les contours de sa personnalité telle que tu l'as perçue à cette heure. »

Rilke, *Notes sur la mélodie des choses.*

J'ai attendu le recul des jours.

Il n'eût pas été bien d'écrire dans la foulée de sa mort, dans la précipitation et le tumulte des livres sur lui, dans le tourbillon des passions et des haines levées après son passage. La distance donne une liberté.

Sœur Emmanuelle[1], à qui j'avais confié certains de ces moments partagés avec lui au fil

1. C'était à l'occasion des rencontres de San Egidio à Milan, en septembre 2004 : « Religions et nouvel humanisme ».

des années, m'avait fortement incitée à prendre la plume : « Vous devez écrire, Marie, il le faut, car vous avez connu l'homme profond, intérieur, mystique. L'homme vulnérable. Cet homme-là, l'histoire doit le connaître aussi. »

J'ai attendu cependant.

Aujourd'hui, j'ai pris du recul et je me sens libre de raconter. Tant de pages ont été consacrées à François Mitterrand ! Pourtant, les années passant, j'ai constaté que l'on a bien peu évoqué la dimension que j'aborde dans ce livre, la curiosité spirituelle de l'homme, son intériorité.

À l'occasion de la célébration de son centenaire, j'ai donc décidé de partager ce que j'ai découvert et ce que je sais de cette face peu connue du président.

Il se détache, désormais, calme et clair, sur fond de sa splendeur, son aura de chef d'État, intact dans le cœur de tant de Français que j'ai eu l'occasion de croiser au cours de ces vingt dernières années.

Il se détache dans mon souvenir tel que je l'ai aimé, tel que je l'aime toujours.

Nos rencontres – au long des douze dernières années de sa vie – ont été des fêtes rares que je n'oublie pas. Non pas rares dans le temps, car il est arrivé que nous nous voyions plusieurs fois par mois, mais rares du fait de leur qualité.

Je m'applique donc ici à copier les contours de sa personnalité, telle que je l'ai perçue, en ce temps-là.

Il est des rencontres qui nous dépassent. Ma rencontre avec François Mitterrand s'inscrit parmi elles. Rien ne pouvait me laisser prévoir l'intensité du choc éprouvé lors de notre premier contact. Rien, en effet, car le personnage public entrevu dans les médias m'avait toujours laissée dans une sorte d'indifférence.

Nous sommes le 6 novembre 1984. Mon frère[1], alors chef du protocole de l'Élysée, m'a conviée à la cérémonie au cours de laquelle François Mitterrand doit lui remettre les insignes d'officier de la Légion d'honneur, avant son départ comme ambassadeur à La Haye.

Le jardin d'hiver est plein à craquer. Les invités forment un large cercle autour des six récipiendaires qui patientent debout dans le brouhaha général. Soudain un grand silence se fait et j'aperçois François Mitterrand entrer d'un pas raide et fatigué, le visage pâle comme la mort. Il improvise pour chacun de ceux à qui

1. Jacques de la Ferrière, aujourd'hui décédé.

il accroche l'insigne écarlate un bref discours senti et sincère. Mon frère paraît très touché.

Quelques minutes plus tard, Jacques vient me chercher. Il veut absolument me présenter au président. Celui-ci a commencé à serrer des mains, puis je le vois se diriger vers moi, et planter son regard dans le mien. C'est la première fois que je rencontre le président de la République et je suis sincèrement émue. Il se passe alors quelque chose d'étrange, et que je n'oublierai jamais. Dans ce face-à-face de quelques secondes, je perçois de la solitude dans ses yeux et je sais deux choses : qu'il est malade et que je le reverrai.

La nuit suivante m'apporte un rêve.

Je suis avec François Mitterrand. Il doit s'engager dans un passage plein d'eau, une sorte de long tunnel souterrain menant je ne sais où. Je dois l'accompagner, car je sais comment « respirer sous l'eau ». Je dois en quelque sorte lui apprendre à survivre dans cet élément.

Je me suis réveillée en nage. À l'époque, j'exerce comme psychanalyste jungienne, et je suis attentive à mes rêves, que je note scrupuleusement, et avec lesquels j'ai appris à dialoguer. Je sais reconnaître les « grands rêves », ceux qui tracent un destin. Et celui-ci est de ceux-là. L'émotion que j'éprouve au réveil suffit à me le confirmer. Il s'est passé *quelque chose* dans cette rencontre et j'ai un rôle à jouer auprès de cet homme, j'en suis convaincue. Lequel ? Il est question de souffle, d'esprit, de vie.

La journée suivante, le rêve m'obsède. Je sais qu'il n'est pas seulement un effet de mon imagination ou de mon désir inconscient. Dans ce court moment où nos regards se sont rencontrés, où nos mains se sont touchées, j'ai su que je vivais une rencontre inéluctable et qu'il avait éprouvé la même impression.

Le lendemain me vient l'idée de lui écrire. Une idée que j'écarte d'abord, me traitant de folle, mais elle persiste et s'impose. Je décide de la prendre au sérieux.

Le soir venu, je me mets à noircir plusieurs pages de papier, que je déchire les unes après les autres. Plus j'écris, plus le projet me paraît insensé.

Je décide de me coucher et, au réveil, c'est d'une traite que j'écris la lettre. La nuit me l'a en quelque sorte dictée.

Monsieur le Président,

Hier, à l'issue de la remise de décoration, je vous ai été présentée. Je n'oublierai jamais votre visage, ni l'impression profonde qu'il m'a fait.

Permettez-moi de vous témoigner très simplement ma sensibilité à ce que j'ai perçu de la solitude intérieure où vous êtes et de vous assurer de ma prière.

Si parfois des ondes de paix et de douceur viennent alléger le poids que vous portez, sachez qu'un courant d'amour vous les destine.

Daignez agréer...

Toute la journée, j'hésite à la poster. Puis, comme cela m'arrive quelquefois quand je ne sais vraiment plus si je dois ou non faire quelque chose, je décide d'interroger le Yi King, un vieux texte de divination censé éclairer les décisions.

C'est une pratique à laquelle je m'exerce depuis longtemps, car la pensée chinoise fait partie de mes centres d'intérêt. La réponse est favorable. Je jette la lettre dans une boîte en me disant : advienne que pourra !

Quelques jours plus tard, le 16 novembre, une lettre arrive, datée du 14. L'enveloppe porte le tampon de l'Élysée. Mais mon nom et mon adresse sont libellés à la main, d'une belle et grande écriture, tracée à l'encre bleue.

Je suis à peine étonnée. Je l'attendais.

Je l'ouvre dans la précipitation et déplie un petit feuillet, à l'en-tête du président de la

République, que couvre la belle écriture à l'encre bleue.

Madame,

Vous l'avez souhaité : votre lettre m'aide. Je vous en remercie.

J'aimerais vous connaître. Est-ce possible ? Il vous suffit de me le dire.

Le mot correspondance a pour moi son véritable sens, grâce à vous.

Croyez, Madame, en mes sentiments personnels de gratitude.

François Mitterrand

Je laisse l'émotion calmer sa violence et m'habiter doucement.

Quelque chose d'important est en train de m'arriver. Je suis prête à le vivre.

Le lendemain, je communique au secrétariat du président mes coordonnées téléphoniques.

Deux jours plus tard, sa voix au téléphone. Sa voix si particulière. Il s'excuse de « tomber ainsi dans la vie d'une inconnue ». Il a envie de me connaître, à cause, dit-il, du « ton de ma lettre ». Je bredouille quelques mots témoignant de mon propre émoi. Il coupe court et dit qu'il me rappellera demain pour convenir d'un rendez-vous.

Ce sera le lendemain, à la même heure que la veille, 9 h 15, « une de mes heures les plus tranquilles », précise-t-il. Je l'entends à nouveau. « J'ai envie de vous voir. Et vous ? »

Je lui dis alors que j'ai été très touchée de la simplicité de sa réaction à ma lettre, que j'ai envie, moi aussi, de le connaître, mais qu'il n'y a pas d'urgence à nous rencontrer. Il doit avoir tant de choses à faire…

J'ai l'impression alors que ma façon de lui faire comprendre que nous avons le temps le vexe un peu. « J'en ai envie, voilà tout, rétorque-t-il. Bien sûr, le sort du monde n'en sera pas changé et le sort de monsieur Kadhafi non plus ! » Il ajoute : « Je trouverai un moment pour vous apercevoir demain, par exemple, vers 17 h 45. Je vous recevrai dans la bibliothèque. »

C'est ainsi que nous nous sommes rencontrés, un 21 novembre. Nous avons conversé deux bonnes heures dans la fameuse bibliothèque.

Au début, je le trouve très froid. Nous sommes sans doute aussi embarrassés l'un que l'autre par cette rencontre insolite.

Au téléphone, la veille, il m'a demandé ce que je faisais dans la vie. Il commence donc un long interrogatoire : « Alors, vous êtes psychothérapeute ? Vous pénétrez dans l'inconscient des gens ? » Cela me permet de me situer. Oui, je reçois des patients. Mais je précise que je fais partie des jungiens, une race de *psy* un peu marginale, souvent méprisée des universitaires, à cette époque où la mode est au lacanisme. Il m'interroge sur la différence entre Lacan, Freud et Jung, avant d'interrompre ma réponse : il aimerait que je lui en parle plus longuement, une autre fois. Pour le moment, il veut savoir ce qui m'intéresse dans l'être humain. « Sa dimension spirituelle », ai-je répondu. Il dresse l'oreille : « Qu'entendez-vous par là ? » Je lui réponds que mon expérience de psychanalyste m'a appris que l'être humain ne se réduit pas à ce que l'on voit ou ce que l'on croit voir, car il est toujours en puissance de s'accomplir. Ma réponse lui plaît, me confie-t-il. « J'aime qu'on parle de spiritualité en termes d'interrogation ouverte. Je déteste les réponses radicales. La certitude dans ce domaine m'irrite. C'est comme si on me claquait une porte au nez. »

Puis il poursuit son enquête et veut savoir d'où je viens, quelle est ma famille, les lieux de mon enfance. Quand j'évoque le Morvan, berceau de ma famille paternelle, Autun, la ville où mon père est enterré, le mont Beuvray, il s'anime. Il me parle des chênes qu'il aime tant, et me révèle qu'il est « un peu druide ».

Cette confidence nous conduit tout naturellement à parler de l'énergie des lieux, de la force régénératrice de la nature, de l'humus dont nous avons besoin. François Mitterrand me confie combien la vie politique l'empêche de trouver une « unité de vie ». « J'y ai renoncé, ajoute-t-il, et je suis en paix avec cela. »

Je décris alors la bergerie en ruine que mon mari et moi avons restaurée à Rivières-de-Theyrargues, devant laquelle se trouve une pierre levée qui fait partie des mégalithes celtes de la région. Il commence, je le sens, à se passionner pour notre conversation, intrigué de tant de points de rencontre entre nous. Cette région, oui, il la connaît un peu puisqu'une de ses sœurs habite Joyeuse, en Ardèche, et qu'il va déjeuner au moins une fois par an chez elle.

Nous nous retrouvons, lui et moi, semble-t-il, comme deux vieux amis qui évoquent un passé commun. Il s'est détendu, et il rit.

Et puis, sans transition aucune, il revient sur notre rencontre le 6 novembre. « J'ai tout de suite su qui m'écrivait, lorsque j'ai reçu votre lettre. Je vous situe très bien, dans le coin gauche du jardin d'hiver. Il s'est passé quelque chose entre nous, non ? »

J'hésite alors à lui raconter le rêve qui a suivi cette journée, préférant attendre un peu. Manifestement, il cherche à mettre des mots sur ce « courant » que nous avons tous deux ressenti.

Avec le recul, trente ans plus tard, je me rends compte qu'il ne savait pas dans quelle case ranger cette rencontre. Une rencontre amoureuse ? À un moment, les notes que j'ai prises à l'époque me le rappellent, il s'est mis à évoquer « ces rencontres foudroyantes que l'on fait parfois dans la rue ». « On aimerait se prendre par la main et s'appartenir sur-le-champ ! Heureusement qu'on ne le fait pas… »

François Mitterrand se lève, signifiant sans doute qu'il met fin à notre rendez-vous. « Votre pensée m'intéresse. J'aimerais vous voir une deuxième fois, mais une deuxième fois, c'est déjà une habitude, non ? »

Il me raccompagne alors de salon en salon et, dans le dernier sas entre deux portes, s'immobilise et me prend la main pour l'embrasser, me regardant droit dans les yeux.

Le samedi suivant, il me téléphone pour me demander de passer le voir. Après avoir garé ma petite voiture dans la cour est de l'Élysée, je monte les marches du perron et un huissier me fait asseoir sur un des fauteuils qui garnissent le vaste palier du premier étage. Après une bonne vingtaine de minutes, il revient me chercher et me fait traverser le bureau de Jacques Attali pour toquer à la porte du président. Le conseiller spécial fait mine d'être plongé dans ses papiers, mais il ne peut s'empêcher de lever furtivement les yeux pour m'identifier.

L'huissier m'annonce et j'entre dans le grand bureau doré.

Ce rituel qui se met en place sera celui qui s'imposera à moi, à chacune de mes visites.

C'est le président de la République qui me reçoit. Je ne dois pas l'oublier. Ainsi reste-t-il assis, terminant de signer son courrier, tandis que je prends place dans le fauteuil qui lui fait face, de l'autre côté du bureau. « Bonjour, chère madame », dit-il sur un ton tendre qui contraste avec la posture si raide qui est la sienne. Je comprends assez vite qu'il aime jouer des contrastes.

« Je termine, et je suis à vous. »

C'est la première fois que j'entre dans ce lieu chargé d'histoire. Une photo de Georges Clemenceau est posée sur la cheminée et derrière moi sur la droite je remarque sur une table la maquette du Louvre avec la Pyramide de Pei. Il continue à signer, levant parfois ses yeux sur moi. Je reste silencieuse, l'observant. Je note son calme et la maîtrise qui se dégage de lui. Il a son temps, et semble prendre du plaisir à ce face-à-face.

Pour moi, cette histoire est tellement étrange, c'est tellement insolite de me trouver là, devant le président de la République, que j'ai décidé de lâcher prise, de laisser faire.

Puis il porte la pile de parapheurs chez sa secrétaire. De retour, il vient s'asseoir à mes côtés. « Chère Marie ! lâche-t-il. Que lisez-vous en ce moment ? » Je suis plongée dans le livre de Jankélévitch *La Mort.*

« Tiens, tiens ! Et qu'apprenez-vous de cette lecture ? » Je me souviens d'avoir cité cette pensée du philosophe : c'est à la mort que la mort met fin, pas à la vie. Et notre tâche, à nous mortels, est de vivre intensément, pleinement, jusqu'au bout. Je récite ensuite ce passage : « *Pour que l'au-delà ait un sens, il faut faire honneur à la plénitude, à l'intensité, à la saveur incomparable de l'en deçà*[1]. » François Mitterrand m'écoute attentivement. C'est alors qu'il m'apprend, sur un ton presque badin, comme si c'était sans importance, qu'on lui a donné peu de temps à vivre. « À l'instant où je vous parle, je devrais être mort. »

C'est la seule fois qu'il a mentionné devant moi le fait que sa vie était menacée.

Nous avons alors une longue conversation sur l'espérance de vie lorsque l'on est perdu pour la

---

1. Vladimir Jankélévitch, *La Mort*, Flammarion, coll. « Champs », p. 454.

médecine. Je lui parle du « mystère des corps », dont on sait si peu de choses, au fond. Qui peut dire à un malade le temps qui lui reste à vivre ? Cela dépend de tant de paramètres. Le goût de vivre, la force intérieure, le sentiment impérieux que l'on a encore des choses à accomplir sur cette terre. Je suis convaincue que le temps qui nous reste à vivre nous appartient. Il appartient au secret de notre destin, lui dis-je. Bien sûr, nombre de gens, lorsque des médecins, sûrs de leur savoir, annoncent un pronostic vital et un calendrier précis, se conforment intérieurement à ce pronostic et meurent au bout des quelques mois ou années qu'on leur avait donné à vivre. François Mitterrand m'écoute avec une grande attention. « À en croire les médecins, je devrais être mort, répète-t-il. Vous m'ouvrez une porte, je vous en remercie. »

Cette allusion est la seule que le président ait jamais faite à ses médecins. Il ne m'en parlera plus. Pas plus que de ses traitements.

J'ai très vite compris qu'il savait mieux que personne compartimenter sa vie.

*

Quelques jours plus tard. Me voilà de nouveau assise devant le président, qui relit les notes de ses collaborateurs, annotant dans la marge, corrigeant aussi, me souffle-t-il, quelques fautes d'orthographe ou de style.

Cette fois-ci, en revenant du bureau de ses secrétaires, il me propose de me montrer ses appartements privés. Un petit couloir derrière son bureau mène à une porte. Il saisit la clé qui est cachée dans le chambranle, l'ouvre, et me fait entrer dans une pièce aux murs très sombres où il entasse les cadeaux de la République, ceux que les chefs d'État lui offrent lors de ses voyages officiels, tableaux, objets, livres, sculptures, et qui sont dorénavant exposés dans le musée de Château-Chinon ou dans celui de Jarnac.

Après m'avoir laissée seule un moment, il revient me chercher. « Venez ! »

Avec fierté, il me montre la décoration des pièces confiée à de jeunes créateurs. De grands canapés rouges meublent le salon, et la salle de bains, qui n'a pas changé depuis Pompidou, me dit-il, est particulièrement originale : baignoire, W.-C., coiffeuse se trouvent au centre de la pièce, séparés par des paravents. Il ouvre un ou deux placards dans lesquels s'aligne une rangée impressionnante de costumes.

Puis, il me fait entrer dans sa chambre, aux couleurs claires, dont les deux grandes fenêtres donnent sur le parc de l'Élysée. Aux murs, des livres, et encore des livres. Un seul tableau de

Matisse face à son lit, encadré par les fenêtres. Et sur une table basse la célèbre photo qui le montre main dans la main avec le chancelier Kohl. Semblant m'oublier, il se campe devant la bibliothèque et caresse la reliure de deux ou trois livres. Un geste que je lui ai vu faire tant de fois par la suite, et qui n'appartient qu'à lui. Un geste d'amour. Puis il revient vers moi et me fait asseoir à côté de lui sur le petit canapé bleu, sous le tableau. Une immense toile le représentant de profil est posée à terre, contre le pied du lit. François Mitterrand cite le nom du peintre, Bryan Organ. Il semble assez satisfait de ce portrait : « J'ai un côté florentin qui ne me déplaît pas. »

Puis, relevant doucement une des mèches qui me tombent sur le visage, il demande : « Dans quelle histoire est-ce que je vous entraîne, dites-moi ? »

C'est alors que je décide de lui raconter mon rêve.

Il écoute d'une attention soutenue, mais ne commente pas. Pourtant je le sens troublé.

« Je ne pense pas que je sois tombée dans votre vie pour être votre maîtresse », lui dis-je.

Si nous avons d'emblée éprouvé une attirance réciproque évidente et forte, ce qui a été clair dès le départ, c'est que l'enjeu de notre rencontre n'était pas une liaison amoureuse. L'enjeu était bien autre. Il allait se révéler dans les semaines et les mois qui suivirent.

*

François Mitterrand a voulu très vite que je lui parle du sens que je donne à mon fameux rêve.

Il m'invite à déjeuner quelques jours plus tard. « Comment comprenez-vous votre rêve ? » J'associe donc à haute voix sur les images, les symboles du rêve.

« Il est question d'une circulation souterraine, dis-je. Les canalisations servent à cela : acheminer l'eau en surface. L'eau, c'est le symbole de la vie et de l'énergie vitale. Sans eau, pas de vie. Notre corps n'est-il pas composé à 98 % d'eau ? Il s'agit alors de respirer, c'est-à-dire de trouver son souffle dans ce parcours obscur, secret, intérieur.

— Et vous, me dit le président, vous êtes là pour m'accompagner, me guider, me montrer comment faire pour ne pas étouffer, pour garder mon souffle, car vous "savez comment faire", c'est cela ?

— Vous m'avez dit, l'autre jour, que vous étiez condamné par la médecine, ne pensez-vous pas que mon rêve semble suggérer que je peux vous aider à vivre, à garder votre énergie le temps d'une traversée, du moins ? Mais c'est dans les profondeurs de votre être que cela se passe. Pas au grand jour !

— Ah, je vois, vous allez m'emmener sur les chemins de l'irrationnel, mais figurez-vous que cela ne me déplaît pas du tout. Je suis fondamentalement un homme de la terre, et je sens et sais au fond de moi que bien des choses qui ne s'expliquent pas viennent de ce pont que certains savent faire entre leur corps et leur esprit. »

*

Au cours des semaines, des mois et des années qui se succédèrent, je ne compte pas le nombre de fois où je me suis rendue à l'Élysée. François Mitterrand aime que je lui parle, que je lui raconte. Il me dit que cela lui fait du bien. Je l'intrigue manifestement. Il n'aura de cesse de m'interroger sur tous les domaines que j'ai explorés. « Vous êtes une chercheuse, je le sens bien et cela me plaît. Je veux que vous me parliez de vous, de tout ce que vous avez appris, de tout ce que vous savez faire. Moi, vous voyez la vie que j'ai ! Je n'ai pas le temps. »

François Mitterrand entretient un rapport très solitaire avec l'invisible, les choses de l'esprit et les forces cosmiques. Tout un monde irrationnel qu'il a rangé dans un tiroir secret, et dans lequel j'ai fini par comprendre qu'il m'invitait à entrer aussi, peut-être pour s'y sentir moins seul. Pendant toutes ces années, à quelques exceptions près, je ne rencontrerai personne de son entourage. Je resterai dans le tiroir secret.

Quant à moi, j'ai le sentiment, depuis le premier jour, de vivre une histoire hors du commun. Un destin. Je ne cherche pas à comprendre. Je ne me pose pas de questions. Je me laisse guider par l'histoire, au jour le jour. C'est pour moi une expérience quasi spirituelle, car je vis une forme d'abandon au présent.

Bien sûr, je mène ma vie, ma vie pas facile avec une séparation à assumer, des enfants à élever, un métier à l'écoute de la souffrance des autres. Une vie bien pleine. Et pourtant, je suis disponible à ses appels.

François Mitterrand est à peine étonné de cela. Une fois seulement, il me dit que je suis une femme singulière et que notre relation est singulière aussi, « inclassable », répète-t-il à maintes reprises. « Seriez-vous un peu chamane ? demande-t-il. — Comme vous êtes un peu druide ? » ai-je rétorqué.

Nous avons ri.

Le désir de vivre

De 1984 à 1988, François Mitterrand retrouve peu à peu l'espoir de vivre et de guérir. Je l'aide dans ce combat pour la vie. Une telle intimité s'est nouée entre nous que je partage avec lui les ressources spirituelles auxquelles j'ai accès. Nous parlons sans barrière de tous ces sujets qui le passionnent, le rapport entre le corps et l'esprit, l'énergie des lieux, l'âme, l'au-delà, la prière et la mort. Nous nous rencontrons à l'Élysée, parfois chez moi, ou alors il m'emmène marcher dans Paris.

C'est aussi pendant cette période que François Mitterrand me parle du projet de son gouvernement de créer la première unité de soins palliatifs en France. Il me propose d'en devenir la psychologue et demande à sa ministre de la Santé de créer un poste pour moi.

Au début, le président a cherché à me connaître.

« Je ne sais rien de vous. Mais je sens que vous êtes une femme en qui on peut avoir confiance. Je le sais. Je marche à l'instinct et à l'intuition. »

Il n'a jamais su combien cette marque de confiance a contribué à me construire, moi qui n'avais pas encore quarante ans. J'ai très souvent pensé à cette phrase lorsque la vie m'a fait douter de moi. Elle m'a en quelque sorte donné une mission, celle d'être digne de la confiance que l'on me faisait.

Quelques jours plus tard, une autre phrase, jetée comme cela, l'air de rien, m'a fait un bien fou : « Vous êtes une femme libre et non conformiste, j'aime les gens libres. »

Le jour où le président me fait ce compliment, je lui raconte combien j'ai souffert au sein de ma famille du rejet de cette liberté et de ce non-conformisme que j'essayais d'affirmer. Ma récente décision de divorcer faisait de moi une marginale, dans mon milieu où personne n'avait jamais osé le faire. De même, mon choix d'« entrer en analyse » avait suscité une incompréhension. Dans ma famille, on était plutôt méfiant à l'égard de tout ce qui touche à l'irrationnel. Il était mal vu d'entreprendre un travail sur soi, de se poser des questions. Je raconte à François Mitterrand cette scène où mon père a levé les yeux au ciel : quelle lubie m'avait prise ! J'ai dû affronter ensuite le mépris des autres étudiants à la fac, une université entièrement convertie au lacanisme, lorsque j'ai fait le choix de faire une analyse jungienne. Je me suis à nouveau marginalisée.

« Pourquoi avoir choisi Jung ? me demande le président.

— La lecture de deux de ses livres, *Ma vie* et *La Guérison psychologique*, a été un choc. J'ai su, en les lisant, que j'avais découvert un esprit véritablement libre, qui n'avait pas craint de sacrifier son amitié avec Freud pour suivre l'évolution de sa propre pensée.

— C'était donc un esprit libre ?

— Il disait souhaiter que personne ne soit "jungien" car il ne défendait pas une doctrine mais une manière d'être à l'écoute de l'inconscient et de dialoguer avec lui. J'ai compris alors que Jung avait horreur des "partisans aveugles". Il voulait laisser à chacun la liberté de venir à bout des faits, à sa manière, car, disait-il, "*je revendique également cette liberté pour moi-même*". »

Le psychiatre zurichois expliquait que, si l'on veut aider quelqu'un psychologiquement, il faut abandonner, pour le meilleur et pour le pire, toute prétention à un savoir supérieur, toute autorité, tout désir d'exercer une influence. On doit entrer dans une dialectique, un dialogue avec l'autre sur ce que l'on a compris de l'autre.

« C'est ainsi que l'on rend l'autre à sa liberté d'être lui-même », ai-je conclu.

François Mitterrand m'appelle presque tous les jours quand il est à Paris.

« Alors, quand passez-vous me voir ? » J'entends encore, tandis que j'écris cette phrase, l'intonation particulière de ce « voir ». C'est fou comme certains mots prononcés d'une manière singulière, propre à la personne, restent gravés en vous, malgré le temps qui passe.

Aujourd'hui, François Mitterrand a décidé de me questionner sur mes ancêtres. Il aime se faire une idée du terreau familial des gens qu'il rencontre. Le mien, pressent-il, doit être comme le sien, catholique et conservateur. Nous venons tous les deux d'une famille nombreuse, et nous savons que c'est souvent dans ces familles que se développe le plus un besoin de liberté.

« Alors d'où tenez-vous ce mélange bizarre de liberté et de mysticisme que je sens chez vous ? »

Je lui fais remarquer qu'il semble avoir en lui le même mélange. Il rit.

« J'ai dans ma lignée maternelle quelques racines mystiques et anticonformistes. »

Je lui raconte les visites que je rendais plusieurs fois par semaine, quand j'étais enfant, à une grand-tante qui avait quitté le Carmel après y avoir consacré deux ans de sa jeunesse. Sa sœur aînée, entrée à l'âge de 18 ans, était devenue l'abbesse du carmel de Sète. J'étais passionnée par le récit qu'elle me faisait de leur vie de contemplatives. Ces conversations avaient lieu de part et d'autre d'une table basse sur laquelle se trouvaient posées à la fois une bouteille de quinquina[1] et la maquette d'une cellule de moniale, très dépouillée. Alors que je n'avais qu'une dizaine d'années, je trouvais délicieux ce doigt d'alcool que l'on me servait en prélude à ces conversations mystiques. Les mots de silence, de prière, d'intériorité entraient

1. Apéritif à base de vin aromatisé à l'écorce de quinquina.

en moi, et l'enfant que j'étais percevait derrière ces mots un immense mystère. L'enfant que j'étais sentait à la fois l'attrait et la répulsion d'un tel destin.

« Je comprends ce que vous avez dû éprouver, me dit le président. Je connais cette impression étrange : on est attiré et repoussé à la fois. Hein ? » Il fait comme un geste d'impuissance. Qu'y peut-on en effet ?

« Et votre anticonformisme ? Il ne vous vient pas du Carmel ? »

Cette fois, j'emmène le président en Camargue. Je lui décris la vie de mon grand-oncle, Folco de Baroncelli, manadier aux Saintes-Maries-de-la-Mer. Ami de Mistral, président du Félibrige, une société littéraire provençale, qui regroupait tous les poètes de la région. Un homme libre, qui aimait autant les hommes que les femmes, soutenait les minorités comme les Sioux ou les Boers, et a su tenir tête à l'évêque d'Aix-en-Provence, quand il a voulu rétablir le culte de Mithra[1] sur ses terres provençales. Menacé d'excommunication, il a dû renoncer et s'est alors dévoué corps et âme à l'organisation des grands pèlerinages gitans. Le 25 mai,

1. Dans le culte de Mithra, datant du IIe siècle av. J.-C., le sacrifice du taureau représente la libération de l'énergie de la Nature.

jour où des milliers de Gitans, venus de toute l'Europe, se retrouvent pour porter la barque des Saintes-Maries jusqu'à la mer, accompagnés de gardians à cheval, puis reviennent vénérer la statue de leur sainte patronne, Sarah, dans la crypte de l'église fortifiée : ce pèlerinage doit tout à mon grand-oncle. Pour le remercier de leur avoir rendu leurs rites, les Gitans lui ont construit un tombeau circulaire que l'on voit toujours à la sortie du village des Saintes. « Non ? C'est vrai ? » questionne le président, qui avait entendu parler de Baroncelli mais ignorait ce détail tout à fait baroque.

Les Baroncelli étaient originaires de Florence. Ils avaient quitté l'Italie avec le pape Léon X, venu s'installer en Avignon. Les papes sont repartis au bout de cent ans mais mes ancêtres sont restés.

François Mitterrand sourit : « Vous descendez donc d'une famille florentine ! Je comprends tout ! »

*

Puis, il y a eu ces promenades au cours desquelles le président a eu envie de parler de lui. De son enfance.

« Vous savez, j'étais un enfant très doux et très secret. J'avais mon monde. Je pouvais rester seul des journées entières sans m'ennuyer, à lire, à rêver, à flâner sur les bords de la Charente. J'avais un goût particulier pour le grenier. Je me vois encore haranguer depuis la fenêtre une foule imaginaire d'oiseaux et leur tenir de grands discours. Vous voyez d'où ma qualité d'orateur tient son origine ! »

Une autre fois, nous marchons dans les allées du parc de l'Élysée. Nous sommes postés devant la statue de Giacometti et le président me parle de ses vacances chez ses grands-parents, à Touvent, en Dordogne. Il y était heureux. « Je jouais aux échecs avec mon grand-père et nous allions à la messe le dimanche, parfois dans l'église de Nabinaud, parfois dans celle d'Aubeterre. Vous connaissez Aubeterre ? »

Comme je réponds par la négative, il me décrit cette église monolithe, creusée dans la falaise qui domine la Dronne. « Savez-vous qu'il y a des tombes à l'intérieur ? Ma grand-mère m'y emmenait très souvent. J'étais très impressionné et je la revois priant avec tant de ferveur que j'en étais saisi. »

François Mitterrand évoque ensuite ses parents. Leurs maladies et leur mort. Son père a succombé à un cancer de la prostate à 70 ans. Le président me dit qu'il a pensé un temps ne pas dépasser l'âge de son père, et que cette croyance a sans doute joué dans une forme de démission intérieure lorsqu'il s'est su condamné.

Je perçois une certaine émotion dans sa voix lorsqu'il me parle de la fin de vie de sa mère. Elle souffrait beaucoup, il s'en souvient. Quelques jours avant sa mort, elle a dit à son confesseur : « J'offre mes souffrances pour l'âme de François. » C'est quelque chose, une mère qui offre ses souffrances pour l'âme de son fils !

Oui, François Mitterrand admet que ce *don* si singulier occupe une place particulière dans son for intérieur. Il y pense tous les jours. Il se sent redevable. Cela commande, en tout cas, de sa part un immense respect pour la foi religieuse de sa mère. « Comment voulez-vous, après cela, que je ne respecte pas la prière ? » Il me raconte alors qu'il a tenu à ce que la croix du chapelet avec lequel elle priait soit incrustée dans la boiserie de la salle à manger de leur maison à Jarnac. Juste à l'endroit où se trouvait le lit dans lequel elle est morte.

« Vous croyez à l'âme, vous, bien sûr ! ajoute-t-il.

— Votre mère aussi, semble-t-il », ai-je répliqué.

De quelle âme parlons-nous ? De l'âme religieuse, celle que les croyants pensent éternelle et qui survit au corps après la mort ? Ou bien de l'âme des poètes, l'intériorité sensible, siège de nos émotions ?

« L'âme dont parlait ma mère, c'est l'âme au sens religieux. Vous savez, elle était très croyante. Elle se préoccupait de mon avenir dans l'au-delà. »

Ah, l'au-delà ! Combien de fois l'avons-nous évoqué ?

Il me demande si j'y crois. Pour moi, en effet, quelque chose de notre être continue à vivre, mais sous quelle forme, je n'en sais rien.

Comme nous avons encore un peu de temps, déambulant dans les allées du parc, je lui résume ce que pensent deux sages qui m'ont beaucoup appris et qui partagent, quoique dans des termes différents, une même vision énergétique de l'âme. Il s'agit de Jung et du prêtre de Neuchâtel Maurice Zundel, très teilhardien[1] et particulièrement subversif. Dans *L'Énergétique psychique*, Jung parle du Soi comme d'un organe spirituel au sein duquel

1. Teilhardien signifie dans la ligne de pensée de Teilhard de Chardin : matière et esprit sont deux faces d'une même réalité. Situant la création à un « point Alpha » du temps, Teilhard pose que l'Homme doit rejoindre Dieu à un « point Oméga » de parfaite spiritualité.

l'essence de l'Être, relié à toute la mémoire collective du monde, se trouve enchâssée. Cette information-là, unique, singulière, survit à la mort du corps biologique. François Mitterrand écoute, l'air pensif, un léger sourire aux lèvres.

« Mais qu'est-ce qui lui permet de croire cela ? me demande-t-il.

— L'étude des rêves. Notre inconscient ne croit pas à la mort. Les rêves des mourants sont significatifs. Ils mettent souvent en scène cette croyance inconsciente dans la survie de quelque chose, et cela indépendamment de toute foi religieuse. »

Je poursuis avec le rêve d'une des patientes de Jung. À quelques jours de sa mort, cette femme rêve d'un gigantesque incendie ravageant tout. Au milieu d'un champ brûlé se dresse un arbre calciné. Une pomme d'or est accrochée à l'une de ses branches. Pour Jung, cette pomme d'or symbolise le Soi, qui ne peut mourir. L'essence de l'être, ou encore l'âme, selon lui.

« Et votre autre sage, Maurice Zundel, que dit-il ?

— Il développe une conception informatique de l'âme. »

Dans un texte que je propose au président de lui apporter lors de ma prochaine visite,

« L'Expérience de la mort[1] », Zundel écrit que rien ne nous interdit de penser que le quantum d'énergie qui nous a été donné à la naissance, et à condition que nous le fassions travailler toute notre vie, ne subsiste au-delà de la mort, sous une forme d'ailleurs impossible à imaginer. Si notre corps biologique meurt, la « longueur d'onde caractéristique » qui nous constitue, elle, ne meurt pas.

« Longueur d'onde caractéristique ! Quelle belle image, non ? Parlante. Apportez-moi ce texte. Je le lirai. »

C'est ce que je fais peu de temps après, pour Noël.

*

La période de Noël est toujours un temps assez triste pour moi. Nostalgie des repas familiaux. Séparée de mon mari depuis quelques mois, je ressens avec une acuité particulière les conséquences sur mes enfants de ce déchirement du tissu familial. Un appel du président, le 30 décembre, m'invitant à passer le voir le lendemain, dernier jour de l'année, à 16 heures, me touche particulièrement. Il a perçu ma solitude, et moi, pour la première fois, je per-

1. Maurice Zundel, *À l'écoute du silence*, Téqui, 1979.

çois chez lui cette empathie chaleureuse qu'il témoigne envers ceux dont il sent la souffrance. En quelques mots, il me fait du bien.

Je me sens légère. Nous sommes devenus si proches, en quelques semaines.

« Il y a un lien, dit-il. M'aimez-vous ? » demande-t-il. Que lui répondre ? Je ne suis pas amoureuse de lui, mais je l'aime, c'est certain. « Votre âme sait exactement, j'en suis presque sûre, de quel amour je l'aime.

— C'est donc une histoire d'âme, n'est-ce pas ? Mais qu'est-ce que l'âme ? »

*

Je me suis attachée à lui, c'est un fait. Mais je suis consciente du caractère étrange du lien qui est en train de se nouer. Notre relation n'entre dans aucune des catégories que je connais. C'est ce qui lui donne son charme, mais aussi sa fragilité. Je ne cesse d'y penser, à cette fragilité. Je me pose évidemment mille questions. Quel est l'avenir de ce lien que nous portons lui et moi comme un secret ? Par moments, je l'avoue, ce n'est pas facile. À cette question, je ne trouve qu'une réponse : tenir le cap de ma vie, tout en restant disponible, simple. Ne pas chercher à m'approprier ce qui se passe. Vivre chaque rencontre comme si elle était la dernière. Jamais je n'ai senti aussi fort qu'il me fallait lâcher prise, vivre au présent, strictement au présent. Ne rien attendre. C'est une histoire qui me dépasse.

« Vous êtes une femme responsable. C'est une chose que j'apprécie particulièrement chez vous. Vous êtes vous. Il y a tant de perruches, non ? »

*

Un message sur mon répondeur. « Bonsoir, bonne année. Je rappellerai peut-être plus tard dans la nuit, bonne année ! »

*

Dès les premiers jours de l'année 1985, nous nous retrouvons. Nous sommes le 9 janvier. François Mitterrand m'a invitée à déjeuner dans la bibliothèque, où il m'a reçue la première fois. Jolie table, joli menu.

Il me fait servir du caviar. « Vous savez, la première fois que j'ai goûté à ce mets rare, c'était à l'Élysée en 1963. Je faisais partie du petit peloton d'élèves de la Légion d'honneur que le général de Gaulle recevait à déjeuner, à l'occasion de la réception annuelle qu'il donnait pour la Grande Chancellerie. » Je sens que cette allusion au général de Gaulle l'agace un peu, mais je poursuis cette histoire dont j'ai deviné qu'elle l'intrigue.

Après le repas, de Gaulle nous a conduites dans le salon des portraits et a commenté pour nous chacun d'eux. Puis, on nous a offert un café. À un moment, je me suis retrouvée face au Général avec ma tasse à la main, et celui-ci s'est adressé à moi. Il m'a décrit un rituel issu d'une légende d'Extrême-Orient que pratiquent les Orientaux quand ils ont le sentiment d'être parvenus dans la seconde partie de leur vie. Ce rituel consistait à faire cadeau chaque année d'un objet auquel on tient à une personne de son choix. Le général de Gaulle ajouta qu'il affectionnait particulièrement cette légende et qu'il pratiquait lui-même ce « rituel de détachement », comme il le qualifia. Mon père, à qui j'ai raconté cela en rentrant chez moi, s'est étonné de cette confidence du Général à une jeune fille de 16 ans. « Comme c'est étrange », m'a-t-il dit.

Aujourd'hui, alors que je repense à cet épisode de ma vie, je trouve en effet prémonitoire que de Gaulle m'ait raconté une histoire sur la manière de se préparer à la mort. Quelle intuition, sans doute inconsciente, a-t-elle bien pu l'y inciter ? Moi qui allais, bien des années plus tard, me retrouver à l'Élysée pour aider un président à se préparer à sa mort ! Un de mes amis psychiatres m'a confié récemment à ce propos que la médiumnité du Général était notoire.

François Mitterrand écoute cette histoire avec ce visage impassible qu'il prend parfois lorsque les choses le touchent de trop près, et que j'ai appris à connaître, et il ne la commente pas.

Après le déjeuner, nous faisons le tour du parc. Le président s'arrête devant les obélisques et en particulier devant celui qui représente la roche de Solutré.

Il aime que ce soit moi qui parle. « Parlez-moi ! réclame-t-il. Parlez-moi encore de Maurice Zundel. J'ai lu votre texte, vous savez ? Cette phrase : "*Il s'agit de vaincre la mort ici-bas*", c'est original, non ? Comment la comprenez-vous ?

— Je crois que Zundel veut dire que le vrai problème n'est pas de savoir où nous irons après la mort, ni si nous vivrons après, mais "*si nous serons vivants avant la mort*". »

Le président n'a jamais eu vent de ce prêtre qui affirme que « *l'au-delà est au-dedans* » et dont les prêches originaux ont fini par séduire Paul VI, lequel l'a invité à donner une série de conférences au Vatican, peu avant sa mort. Zundel, un prêtre quasi inconnu, très peu dogmatique, allant répétant qu'il y a un *grand malentendu* autour de Dieu.

« Il soutient, ai-je poursuivi, que la relation au divin ne peut être qu'intime. Dieu n'a rien à voir avec ce Dieu extérieur perché sur un nuage, tel que le représente l'imaginaire populaire, et qui manipulerait nos vies. C'est une présence intérieure. Une force de vie nichée au plus profond de nous-mêmes, et la prière permet le contact intime avec cette présence. Chacun doit chercher au fond de lui la relation qui lui convient. »

Je me rends bien compte que François Mitterrand est touché par ce que je lui dis. Il jubile. Ce Dieu-là lui convient. C'est celui qu'il rencontre dans les lieux habités qu'il affectionne, c'est le dieu cosmique qu'ont adoré les païens, qu'il sent vibrer dans les arbres, dans les pierres ou sous les étoiles, dans la giroflée sauvage qui pousse entre deux pierres sèches d'un muret de Provence. Mais c'est aussi le Dieu d'amour de sa mère. L'énergie aimante qui permet de surmonter les souffrances, l'énergie qui transforme, l'énergie qui élève.

Ainsi, à propos de Zundel, j'ai mis des mots sur ce qu'il vit lui-même de si intime, dans sa propre relation à Dieu. « *Ne parlez pas trop de Dieu, vous l'abîmeriez* », écrit Maurice Zundel.

Ou encore : « *Dieu se respire.* » Le président adore cette expression : « Dieu se respire ! »

*

Le 12 janvier 1985, je suis à nouveau invitée à déjeuner. Aujourd'hui, c'est l'anniversaire de la mort de mon père et celui de la mort d'Yvonne Mitterrand.

« Nous avons cette date douloureuse en commun », souligne le président.

Je me suis aperçue très vite que rester en lien avec moi est devenu important pour lui. Je dois être investie symboliquement de quelque chose de vital. Je suis devenue comme un *pont* entre l'invisible et lui. Il me cite ce jour-là quelques vers de Victor Hugo tirés des *Contemplations* : « *Mon âme, ô mon âme ! il faudrait/ Pour traverser ce gouffre où nul bord n'apparaît/ [...] Bâtir un pont géant sur des millions d'arches*. Tu te souviens ? me demande-t-il. Il s'agit de la prière. »

C'est la première fois qu'il me tutoie. Il alternera ensuite au gré de ses envies le tutoiement et le vouvoiement. Cette façon de passer spontanément d'un registre à l'autre, de l'intime au distancié, lui est propre. C'est lui qui met le curseur.

Pour ma part, je continue à le vouvoyer.

*

Un appel tardif dans la nuit. « Vous passez me voir demain ? »

Nous parlons ce jour-là de la prière. François Mitterrand sait que je suis priante. Il m'avoue qu'il l'est aussi, à sa manière. Il est si souvent entré, me dit-il, et toujours à l'improviste, dans les églises. « J'aime le silence des églises, en dehors des offices. Évidemment, je le fais beaucoup moins maintenant, je suis en quelque sorte un prisonnier, vous savez ? Toujours un garde du corps derrière moi... »

Il ne peut que descendre, dit-il, dans « sa crypte intérieure ».

« Vous connaissez l'expression de Cioran : "*chacun de nous porte un cloître dans son âme*" ? » me demande-t-il. Nous sommes bien d'accord que cette forme de prière n'a rien à voir avec la répétition machinale et souvent bruyante de mots, même s'il éprouve un immense respect pour la récitation du chapelet, qui était la prière de sa mère. La sienne est plus silencieuse. C'est un recueillement au creux duquel il fait l'expérience d'une *Présence.* J'écris volontairement le mot avec un *P* majuscule, parce qu'il s'agit de la perception de quelque chose d'indicible, d'innommable. Seuls les mystiques savent de quoi je parle. C'est pourquoi j'ai tout de suite su que François Mitterrand avait quelque chose du mystique.

« Que savons-nous de la puissance de la prière ? me demande-t-il. On ne peut compter seulement sur ses propres forces, n'est-ce pas ? On a besoin de prières, de cette communion invisible avec ceux qui élèvent leurs pensées vers quelque chose de plus haut. Je sais que vous priez pour moi, et, sachez-le, cela m'aide. »

*

Il fait un froid de gueux. François Mitterrand s'inquiète pour moi. Il me demande si je suis assez chauffée. Cette sollicitude me touche. Au déjeuner suivant, nous parlons donc de cette vague de froid intense, puis nous abordons la question de la foi, et du mysticisme. « Je ne dis pas que je ne crois pas, je dis que je ne sais pas si je crois. On appelle les gens comme moi des agnostiques, n'est-ce pas ? Pourquoi faudrait-il avoir des certitudes sur tout ? »

Donc, s'il n'est pas croyant au sens ordinaire que l'on donne à ce terme, le président me confie qu'il se reconnaît proche de l'esprit mystique. Ou plus exactement proche de « cette sensibilité spirituelle qu'ont les artistes, les poètes et les femmes ». Je ris en entendant ces paroles, car elles me font penser au dialogue entre Freud et Romain Rolland. L'auteur du *Voyage intérieur*, qui termina sa vie à Vézelay, tentait de faire comprendre à Freud la nature de son expérience mystique, qu'il qualifiait de « sentiment océanique ». Freud lui répondit vertement ne rien comprendre à ce qu'il lui racontait. Il n'avait jamais connu ce type d'expérience fumeuse. Seuls les artistes, les poètes et les femmes, écrivait-il, ont accès à cela ! Ainsi donc, François Mitterrand lui aussi a accès à ce qu'il qualifie lui-même d'intériorité spirituelle. Qu'entend-on d'ailleurs par « mystique » ? Qu'est-ce qui différencie le religieux et le spirituel du mystique ? Le président – qui se défend bien d'être religieux – me dit que, chez les premiers, le dogme et la pratique semblent structurer la foi, alors que, chez le mystique, rien de tel. Il ressent une expérience directe, personnelle, ineffable et intransmissible avec « quelque chose qui nous dépasse ». Ce que les philosophes chrétiens appellent la « Réalité » et les bouddhistes le « Réel ultime ». Cette saisie du Réel passe par le sentiment, l'intuition, la sensation. « Ne pourrait-on dire, ai-je proposé, que l'on connaît Dieu par les sens ?

— On peut le dire comme cela », concède-t-il. Et d'ajouter : « D'ailleurs, l'expérience mystique est un phénomène universel. On la retrouve dans toutes les religions, et même dans les spiritualités athées, ce qui montre bien que la mystique est pure de toute pensée dogmatique. »

Les mystiques, il les a lus, bien sûr. Thérèse d'Avila, saint Jean de la Croix, Thérèse de Lisieux. Il les aime parce que ce sont des explorateurs d'un monde inconnu. Ils ne s'embarrassent pas de concepts, de règles, d'interdits. « Ils ne passent pas leur temps à faire des discours ni à vouloir convertir les autres. Ils trouvent au fond d'eux-mêmes, dans le silence, ou dans la nature, cette certitude douce qu'il y a de l'infini dans l'homme, conclut-il. C'est agaçant, non, que les gens confondent le spirituel et le religieux ? »

François Mitterrand m'explique que tant que les humains n'auront pas dépassé les clivages religieux, il y aura d'un côté les croyants et, de l'autre, les non-croyants, les laïcs. « La religion divise, précise-t-il, la spiritualité rassemble, parce que les spirituels ont une “communauté d'intériorité”. Vous voyez, la France n'est pas prête pour la laïcité parce qu'elle n'a pas encore fait le chemin de l'intériorité. La vraie laïcité, c'est l'intériorité. »

*

Nous nous voyons très souvent, à cette époque, parfois deux fois par semaine. J'ai le sentiment que nous poursuivons, de déjeuner en déjeuner, une longue conversation à propos de ce territoire mal défini de la spiritualité. François Mitterrand revient sur une conversation précédente à propos de la phrase de Zundel : « Dieu se respire. »

« On respirerait Dieu en priant ou en méditant, c'est cela que veut dire votre théologien suisse ?

— Oui, ai-je répondu. Puisque "respirer Dieu", c'est être attentif, présent au souffle de vie qui nous anime. C'est valable pour tous ceux qui méditent, même s'ils ne sont pas croyants. Voyez les bouddhistes, qui n'ont pas de dieu : quand ils méditent, ils ne font pas autre chose que de respirer Dieu. Méditer, c'est respirer lentement et silencieusement. » François Mitterrand marque une pause.

« Je l'ai beaucoup fait, plus jeune. Cela ne m'était pas du tout étranger. Et j'ai toujours continué par intermittence, mais je dois te dire que, depuis que je t'ai rencontrée, je m'y suis remis, presque tous les jours ! »

Je note le retour du tutoiement, qui a sans doute un sens, ou peut-être aucun.

« Parle-moi, *toi*, de ton expérience de la méditation. Comment une femme comme toi, élevée dans une famille catholique, a-t-elle pu découvrir une pratique tellement inspirée de l'Orient ? »

J'en reviens à la pensée de Carl G. Jung, c'est elle qui m'a familiarisée avec les spiritualités orientales. En lisant le livre de D.T. Suzuki, *Introduction au bouddhisme zen,* j'ai découvert, alors que j'avais à peine 25 ans, l'importance de la respiration dans cette pratique. Une pratique aussi exigeante qu'elle est simple ; il s'agit de rester assis au moins vingt minutes devant un mur blanc et d'être simplement attentif à son inspir, puis à son expir. Si des pensées parasites viennent troubler cette attention, on revient tranquillement à l'attention portée à son souffle.

« Dans notre monde sur-occupé où l'action est si valorisée, rester assis à ne rien faire d'autre que *respirer* est pour le moins étrange. Pourtant, c'est un fait, cela calme l'esprit », lui dis-je.

Après un long temps de silence : « Quelle différence fais-tu, me demande-t-il, entre *méditation* et *prière* ? »

Il y a quelque chose qui me fascine dans la manière dont le président fait entrer un sujet qui pourrait paraître théorique et ennuyeux dans le champ de la profondeur intime. Une façon de regarder, de peser ses mots, d'y mettre de l'émotion.

Je sens que ce qu'il attend de moi est que je lui parle non pas avec ma tête, mais avec mon âme. Il veut sentir mon expérience dans ce que je lui raconte. La sentir dans le ton de ma voix, dans les mots que je choisis, dans les mouvements de mon corps. Ainsi, lorsque je lui expose que la méditation inspirée de l'Orient et du bouddhisme ne fait pas référence à une transcendance, mais qu'il suffit d'être là, présent à son souffle, de laisser les soucis reposer, de calmer son esprit, je sens que ma voix même suffit à l'apaiser.

Je note le sourire un peu énigmatique du président.

« C'est une hygiène de la pensée et de l'esprit, n'est-ce pas ?

— Oui, et c'est une hygiène que pratiquent les traditions religieuses. Elles ont aussi leurs méditations. En plus de la présence au souffle, on récite un *mantra*, c'est-à-dire une parole, une phrase qui a un sens spirituel, car cette méditation est aussi une forme de prière. Ainsi, les musulmans de la branche soufie récitent aussi, en méditant : "*La ilaha illa Allah*", qui signifie : "Il n'y a pas d'autre dieu que Dieu", et les juifs ont aussi leur mantra : "*Shema Yisrael adonai eloheinu adonai echad*", qui signifie : "Écoute

Israël, le Seigneur est notre Dieu, le Seigneur est Un." »

François Mitterrand m'écoute, et pourtant son regard semble perdu dans le lointain. J'ai appris à capter cette manière si étrange qu'il a d'écouter. Il est attentif, c'est certain. Souvent, ses réactions ou ses commentaires le prouvent ; pourtant, il semble ailleurs. Sa pensée vogue autour de vos paroles. Elle semble englober votre propre pensée et l'agrandir.

« Et les chrétiens, me demande le président, est-ce que la *prière du cœur* des Pères du désert est, selon toi, une sorte de méditation ?

— Oui, ce sont les premiers chrétiens à avoir découvert les bienfaits de la méditation, associant l'attention au souffle à la parole récitée avec cœur. Mais les chrétiens d'aujourd'hui, à part les orthodoxes, ont délaissé ce mantra, le trouvant trop lié à une culpabilité qu'ils rejettent. Ils en récitent d'autres comme à Taizé "*Veni creator, Veni creator spiritu*". »

Le président m'interrompt : « Tu connais Taizé ?

— Oui, j'y vais souvent.

— Moi aussi, régulièrement. »

François Mitterrand me raconte alors ce rituel du lundi de Pentecôte. La veille, il grimpe la roche de Solutré, entouré d'un groupe de fidèles et de journalistes. Personne ne saisit véritablement la raison pour laquelle il entreprend cette ascension chaque année, me dit-il, et il aime laisser planer un certain mystère. Tous les chrétiens sont à la messe pour cette fête de l'Esprit saint et « moi, j'ai ma manière à moi de célébrer les forces de l'esprit ».

Mais, le lendemain de cette ascension, il a pris l'habitude d'aller se recueillir dans l'église de Taizé. Non pas la petite église romane qu'il aime, mais la gigantesque église de la réconciliation que la communauté œcuménique du frère Roger a fait construire pour accueillir les milliers de jeunes pèlerins qui y viennent de toute l'Europe. Il s'y rend accompagné d'une ou deux personnes, tout au plus, me dit-il.

« Je m'assieds sur un petit tabouret, au fond de l'église, et je reste là. Il y a une énergie palpable dans ce lieu, étonnant, non ? Est-ce l'énergie de la prière ? Je ne sais. Mais, c'est incontestable, je la sens. »

Je lui confie à mon tour que c'est à Taizé que j'ai retrouvé une forme de foi après l'avoir perdue pendant une dizaine d'années. J'étais venue, en 1977, avec mes enfants, assister à la messe de minuit. Une foule immense était assise à même le sol, silencieuse, recueillie, j'apercevais des moines en blanc, prosternés, et tous écoutaient la voix si douce de frère Roger et les quelques mots simples qu'il a prononcés. Cela tranchait tellement avec l'atmosphère un peu bruyante et ennuyeuse des messes dont j'avais le souvenir, avec le blabla des homélies ! « L'énergie du lieu m'a saisie et j'ai eu les larmes aux yeux. Depuis, j'y retourne souvent, parce que je sens une *Présence*. » Frère Roger, à qui j'ai parlé plus tard de cette émotion qui m'avait submergée, m'avait dit que j'avais eu « une effusion de l'Esprit ». C'étaient ses mots. François Mitterrand m'avoue qu'il sent lui aussi une *Présence*. C'est physique, c'est palpable. Mais il ne cherche pas à la nommer. La sentir lui suffit.

Quand nous évoquons notre intimité spirituelle, je remarque que le regard du président change. Il est comme posé sur un horizon lointain, inaccessible. Parfois, il devient très clair, juvénile, comme s'il se souvenait de quelque chose de très ancien, d'une évidence.

*

François Mitterrand m'a demandé de passer le voir en fin d'après-midi. C'est un rituel assez fréquent. Il termine de signer son courrier, porte les parapheurs à ses secrétaires, revient et s'installe dans un fauteuil, à côté de moi. Je sens qu'il se détend.

« Que lisez-vous en ce moment ? » François Mitterrand s'enquiert régulièrement de mes lectures. Aujourd'hui, j'ai dans mon sac un livre que je viens de découvrir et qui me passionne. Je tends mon exemplaire au président, qui le feuillette et m'interroge. *Le Livre de l'épreuve*[1] de Farïdoddïn Attar, poète iranien soufi du XIIIe siècle, est une épopée mystique où l'on lit que l'épreuve n'est pas une catastrophe qui vous tombe dessus, mais qu'elle porte en elle un secret. Selon Attar, nous désirons inconsciemment avoir accès à ce secret. L'épreuve nous l'apporterait comme un cadeau.

Ce qui intéresse François Mitterrand, c'est la vision déculpabilisante de l'épreuve que propose le poète. Nous sommes loin de l'idée qu'elle viendrait punir, ou sanctionner une faute morale. Ou bien qu'elle serait la conséquence d'une blessure de l'enfance. L'épreuve n'est pas davantage un simple manque de chance. Entre la version culpabilisante et la version nihiliste, le poète persan nous invite à réfléchir à un sens plus profond : la version spirituelle. « *Sur la voie de Dieu se trouvent à l'infini de captivantes peines* », écrit-il.

« Je ne vois rien de captivant à une maladie, me souffle le président.

1. Farïdoddïn Attar, *Le Livre de l'épreuve*, Fayard, 1981.

— Moi non plus, mais ne croyez-vous pas qu'il est plus intéressant, quand on est malade, de se demander *vers quoi* cette maladie nous conduit, ce qu'elle peut nous faire découvrir de nous-mêmes, plutôt que de s'interroger sur le *pourquoi*, sur l'origine psychologique ou même génétique ?

— Vous avez raison, le *pourquoi* est stérile, conclut François Mitterrand. Je préfère me dire que je vais affronter et surmonter l'épreuve, et dans ce sens, en effet, cela nous conduit quelque part, cela nous grandit, peut-être. »

*

Plusieurs mois ont passé depuis notre première rencontre, et le président se préoccupe enfin de la manière dont je vis cette relation somme toute assez étrange avec lui. Il veut savoir si ce n'est pas trop contraignant de me tenir ainsi à sa disposition, s'il n'abuse pas de ma disponibilité. M'apporte-t-il quelque chose ? Suis-je désireuse de sortir du tiroir secret où il m'a enfermée ? Aimerais-je avoir une existence « plus officielle » ? Sur le premier point, je le rassure. Je suis fière de la confiance qu'il m'accorde, fière de l'attention qu'il me porte, convaincue que nos rencontres ont un sens, même si je n'ai pas le recul nécessaire pour en juger. Quant à sortir du tiroir secret, « c'est à vous d'en juger », me suis-je contentée de répondre.

À la suite de cet échange, j'ai envie de lui écrire. Je couche quelques lignes sur le papier pour lui dire que la qualité de notre relation m'apporte infiniment.

Votre manière d'être avec moi me fait grandir. Nous nous faisons confiance, et c'est irremplaçable. Et puis c'est si rare d'avoir une intimité spirituelle ! Je me sens liée à votre âme, très secrètement liée.

*

Peu après, le président me convie à un déjeuner privé, avec une dizaine de personnes. Il m'a placée à sa droite. Entre lui et Guy Béart. Il a invité le metteur en scène italien Giorgio Strehler, qui dirige le théâtre de l'Odéon, Jack Lang, la présidente de *La Dépêche du Midi* Évelyne Baylet et son fils Jean-Michel. Curieuse assemblée ! François Mitterrand se lance dans une longue apologie de la Pyramide du Louvre. Il y met de la passion. Je parle un peu avec mon voisin, mais au fond je me demande ce que je fais là et m'interroge sur le sens de cette invitation.

« C'était bien que je vous invite, non ? m'a seulement lancé le président alors que nous nous retrouvons seuls, une fois les convives partis.

— Les gens ont dû se demander qui j'étais, ai-je dit.

— Laissez-les imaginer ce qu'ils veulent. »

En rentrant, je me suis dit que c'était mieux, finalement, que je reste dans le tiroir secret.

*

On pourrait croire que nous ne parlons que de spiritualité. En fait, selon les moments et les circonstances, nous discutons aussi de bien d'autres choses. De la vie, en somme.

C'est un dimanche à ne pas mettre le nez dehors, et le président me donne rendez-vous à 15 heures sous le petit arc de triomphe, près du carrousel du Louvre. Il a envie de venir voir l'avancée du chantier du Grand Louvre et de la Pyramide. Il pleut des cordes et, à l'abri sous l'arche, je me demande s'il va venir. Pourquoi en ai-je douté ? Le voici. Je l'aperçois, au loin, avec sa casquette, suivi de plusieurs gardes du corps, dont l'un tente, à l'aide d'un parapluie, de l'abriter de l'averse. Il me complimente sur le chapeau rouge que je porte et m'invite à observer le chantier. Je le sens fier de ce projet.

Puis, nous remontons le jardin des Tuileries, côte à côte, partageant l'espace sous le parapluie que je tiens, ce qui ne manque pas de charme. Les gardes du corps se sont un peu éloignés. Ce jour-là, comme il me demande ce que je suis en train de lire, je lui parle du livre de Conrad Detrez, *Le Dragueur de Dieu*. Un roman étrange, très sensuel, troublant, et qui se lit comme un policier. L'auteur raconte l'histoire d'un jeune garçon, fils de boucher, rejetant un destin qui lui répugnait, écœuré par la cruauté, la laideur, la brutalité de l'existence des hommes, et n'ayant qu'un désir : vivre pour les choses du ciel. Lors d'une escapade nocturne dans le bois d'Arenberg, l'enfant de 11 ans, qui rêve de se rouler dans l'herbe humide, de se frotter aux troncs des chênes, d'abandonner son visage à la pluie, connaît une émotion érotique et mystique qu'il n'a de cesse ensuite de retrouver. Sa quête le conduira d'abord au couvent, qu'il finira par quitter, ne trouvant pas là ce qu'il cherchait, l'extase de sa vie. Tout le roman est le récit d'une sorte de drague amoureuse, dans ces enclos que sont les jardins publics, et qui, la nuit, dans la solitude, les bruissements mystérieux des arbres, deviennent encore plus secrets.

Nous atteignons le musée du Jeu de Paume. Et la pluie n'a cessé de nous accompagner.

« J'aime t'entendre me raconter tes lectures.

— J'ai trouvé intéressant, dis-je au président, que Conrad Detrez ose défendre l'idée que l'extase mystique est d'abord une extase des sens. Pour cet auteur homosexuel, l'Éros est sacré. »

Me vouvoyant soudain :

« Et pour vous, mademoiselle de La Ferrière – parfois il s'amuse à m'appeler par mon nom de jeune fille –, dites-moi : quand ressentez-vous le sacré ?

— Quand je fais l'amour », ai-je répondu.

Le président sourit :

« En voilà une réponse ! Que dirait votre mère ? Vous m'expliquerez cela. Moi, je suis plus chaste que vous ! »

Je le sens d'excellente humeur. « Tiens, je vais vous raconter ce que monsieur Guitton, vous savez, le philosophe, pense du coït. Ce serait, dit-il, une expérience anticipée de la résurrection. Ah, vous ne saviez pas cela ? Les émotions sexuelles violentes préfigurent l'état de l'âme ressuscitée », murmure-t-il à mon oreille.

J'avais bien quelques notions de la puissance transcendantale de la communion érotique, mais c'est la première fois que j'entendais formuler les choses ainsi.

François Mitterrand s'est arrêté de marcher. Il est bientôt l'heure de nous quitter. « Au fond, vous pensez que la sexualité peut être une voie vers Dieu ? reprend-il. C'est une chose qu'on devrait dire davantage, non ? Trop de gens font l'amour comme des lapins. » Il dit cela d'une manière si drôle que j'éclate de rire.

« Est-ce lié au degré d'évolution, s'interroge-t-il, à la classe sociale ? »

*

Il fait toujours aussi froid, en ce mois de février 1985. Aujourd'hui le président me fait la joie de venir déjeuner chez moi, à Sceaux.

Je guette son arrivée. Son garde du corps et son chauffeur resteront dans la voiture garée rue Pasteur. François Mitterrand pousse la grille de mon petit jardin et gravit les quelques marches qui mènent à la porte de mon pavillon en meulière. Il porte une casquette.

J'ai passé la matinée à faire les courses au marché de Sceaux. Le charcutier de la rue principale ne se doute pas que les andouillettes AAA que je lui ai achetées ce matin – les meilleures de France, m'a-t-il assuré – sont destinées au président de la République.

J'ai soigné mon menu pour servir à mon invité de marque ce qu'il préfère. Huîtres, andouillettes accompagnées de pommes de terre sautées, un yaourt pour le dessert, seule concession raisonnable à son régime.

En entrant, il frissonne. « Je suis très frileux, vous savez ? » Force est d'admettre que ma maison n'est pas très bien chauffée. Il plaisantera souvent par la suite sur le froid qui règne chez moi. Et me demandera presque à chaque entrevue comment je parviens à survivre à une telle température.

Mais très vite, il se détend. « C'est ma récréation ! »

Sur ma table de travail, il repère la photo de Lou Andreas-Salomé, et les feuilles qui témoignent de la thèse que j'essaie d'écrire : « Penser l'amour ».

« Quelle femme ! quelle belle femme ! » Le président a lu la biographie de Peters, *Ma sœur, mon épouse*. « Mais surtout une femme libre, n'est-ce pas ? »

Je cite alors cette phrase de Lou qui m'accompagne : « *Je ne peux conformer ma vie à des modèles, ni ne pourrai jamais constituer un modèle pour qui que ce soit, mais il est tout à fait certain en revanche que je dirigerai ma vie selon ce que je suis, advienne que pourra. En agissant ainsi, je ne défends aucun principe, mais quelque chose de bien plus merveilleux, quelque chose qui est en nous, qui brûle du feu de la vie, qui exulte et cherche à s'échapper.* »

« Lou serait-elle pour vous un maître à penser ? »

Nous montons ensuite dans le salon, où j'ai dressé le couvert devant la bibliothèque. Le président se montre curieux de tout, des livres, des tableaux, des gravures.

Le voici posté devant une lithogravure de mon grand-père, le peintre Georges Dufrenoy, dont la moitié de l'œuvre a été peinte à Venise. Il aime cette litho. Il me le dit.

Je ne sais pourquoi, mais je la décroche du mur et la lui donne. Elle est restée longtemps sur une chaise dans son bureau à l'Élysée, en attente d'être encadrée.

*

« Savez-vous que Katia Granoff expose dans la vitrine de sa galerie, place Beauveau, un tableau de votre grand-père ? Allons le voir un jour ! »

Rendez-vous est pris pour le 6 mars 1985. Il est 15 heures.

J'arrive quelques minutes avant le président. Dans la vitrine est en effet exposé un joli pont de Venise, signé Dufrenoy. « Quelle belle peinture sensuelle ! » s'exclame le président.

Mais, à l'intérieur, la galerie est entièrement consacrée à une exposition des dessins de Jean Guitton. Le président en achète deux. L'un, un pastel bleu, représente une femme nue de dos. « J'aime la lumière et le mystère qui se dégage de ce dessin, et la forme sensuelle du trait. » L'autre est intitulé : « Tu es belle comme Jérusalem ».

François Mitterrand me dit en souriant que Jean Guitton lui a confié un jour qu'il n'aimait les femmes que vues de dos, parce que, vues de face, il les trouvait disgracieuses. Puis il ajoute : « La beauté et la grâce de ces dessins plaident davantage à mes yeux pour l'existence de Dieu que la philosophie de monsieur Guitton, pour laquelle j'ai par ailleurs un grand respect. »

Puis il demande à ce qu'on fasse porter ces deux dessins dans sa chambre à l'Élysée.

Katia Granoff, vêtue d'une robe longue pour l'occasion, nous entraîne au sous-sol pour nous montrer tous les Dufrenoy qu'elle a achetés dans les années 1950-1960 à ma grand-mère, qui avait besoin d'argent pour vivre. Je l'entends encore nous dire combien elle aime cette peinture, qu'elle a d'ailleurs exposée en novembre 1952.

Nous sommes donc installés, François Mitterrand et moi, côte à côte, dans deux confortables fauteuils dans le sous-sol de la galerie. Katia fait sortir de la réserve les tableaux les uns après les autres. Je découvre alors pour la première fois le fonds d'atelier de mon grand-père.

Alors que les peintures défilent devant nous, François Mitterrand se dit intrigué qu'une œuvre de cette qualité ne soit pas plus connue du grand public. Elle l'est des collectionneurs, mais cela s'arrête là. Il demande donc à Katia ce qu'elle en pense. Avec son accent russe, je l'entends émettre une hypothèse que le président juge assez pertinente. « Il n'a pas assez peint parce qu'il n'en avait pas besoin pour vivre. »

Nous échangeons des propos sur Venise. Murmure du président à mon oreille : « J'aime ce lieu d'un autre temps. J'aime m'y perdre sans m'y perdre, car je me sens presque chez moi dans cette atmosphère belle et triste que votre grand-père a bien su rendre. »

En remontant au rez-de-chaussée de la galerie, François Mitterrand exprime son souhait d'acheter le pont de Venise exposé dans la vitrine.

Manque de chance, Katia Granoff prétend l'avoir déjà promis à son avocat. Tant pis ! Puis elle lui fait part de sa difficulté à obtenir une salle pour une exposition de peintres chrétiens. Sans doute espère-t-elle que le président en touchera un mot à Jack Lang.

Dans l'escalier, le président se penche à mon oreille : « On me dit que des journalistes attendent à la sortie, mieux vaut que vous restiez derrière moi et que vous attendiez quelques minutes pour sortir. »

*

Douce journée. Le premier jour du printemps. J'ai rendez-vous à l'Élysée à 14 h 30. Après avoir garé ma voiture dans la cour est, comme à mon habitude, l'huissier me fait patienter en bas de l'escalier d'honneur. Le président descend. Il a décidé que nous irions faire un tour dans une librairie. Nous montons dans sa voiture. Direction chez Coulet-Faure, rue Drouot.

Quelle est l'origine de ce lien charnel, presque sensuel, qui relie l'homme aux livres ? Il se promène devant les bibliothèques, regarde, palpe, il se saisit avec respect d'un ouvrage, en hume l'odeur, celle du cuir, l'ouvre. Je suis saisie par sa qualité de présence à l'instant. On sent que rien d'autre ne compte dans ces moments-là, juste ce face-à-face intime avec un livre ancien. Alors pourquoi m'invite-t-il à l'accompagner ? Rien n'est vraiment sans signification avec lui, je le sais.

Je me faufile parmi les tables et le long des rayonnages, à sa suite. Puis, il prend un volume assez épais en main et me l'offre, non sans me le dédicacer de sa belle écriture, et à l'encre bleue : « Trace d'une promenade dans le monde des livres – À vous », signé F, le F étant souligné deux fois.

Il s'agit des *Chroniques romanesques* de Jean Giono. « Vous lirez le *Roi sans divertissement* en pensant à moi. »

Plus tard, en lisant la nouvelle de Giono, je comprends que François Mitterrand se retrouve dans le personnage de Langlois, homme d'action, meneur d'hommes, grand solitaire, fasciné par le mal que chacun porte en soi. La séquence de la messe de minuit me semble contenir la clé de l'énigme que le président m'a laissée. Assistant à cette messe « magnifique », Langlois a la certitude qu'il ne peut rien se passer de mal ce soir-là. « *Je comprends tout et je ne peux rien expliquer. Je suis comme un chien qui flaire un gigot dans un placard.* » Dans sa conversation avec le curé, qui se dit persuadé que « les puissances de la messe » ont empêché le monstre de s'approcher du « sacrifice divin », Langlois le détrompe. Ce n'est pas parce que le mal a été tenu à distance, qu'il n'a pu agir, c'est au contraire parce qu'il s'est approché au plus près de la lumière de Noël et de la grâce divine.

Lorsque je fais part au président de ces réflexions, il m'avoue être convaincu, comme ce personnage, de la puissance des forces de l'esprit sur les forces du mal. « *Ce qu'il faudrait, veux-tu que je te le dise ? C'est la messe de minuit de Noël de janvier à la Saint-Sylvestre et sans interruption* », dit Langlois. François Mitterrand me confie alors que, chaque fois qu'il a pu, il est entré dans une église pour la messe de minuit. Ne serait-ce que pour quelques instants, et toujours parfaitement incognito.

*

Puisque j'évoque ici les nombreuses promenades dans le monde des livres, me revient en mémoire cette autre visite à la librairie Gallimard.

À peine suis-je arrivée à l'Élysée que François Mitterrand m'emmène dans sa voiture, qui nous laisse au carrefour du boulevard Raspail et du boulevard Saint-Germain. Il a envie de faire quelques pas. Peu importe que sa sécurité le talonne. Il aime manifestement se promener ainsi en public, aux côtés d'une inconnue. Certaines personnes le reconnaissent, mais beaucoup d'autres non. Je sens qu'il apprécie cette sensation de se mêler à la foule des après-midi parisiennes.

Le libraire s'émeut de cette visite impromptue. « Je viens voir vos éditions originales. »

Une demi-heure plus tard, il repart avec deux livres de Jacques Chardonne, qu'il m'offre et que j'ai toujours, *Eva, le journal interrompu* et *Les Varais*.

« Vous aimerez, j'en suis sûr ! Une si belle écriture ! Vous verrez, il vous fera aimer la Charente. »

Puis tandis que nous descendons côte à côte le boulevard Raspail : « Enfant, je disposais d'une immense liberté, celle de l'imaginaire. Je me souviens de mes rêveries le long de la Charente, et du plaisir inouï que j'avais à lire. Les livres vous emportent dans les recoins secrets du monde et de la vie. Surtout quand ils sont écrits avec l'âme ! On voyage avec son âme dans les livres, non ? dit-il en me regardant. Qu'en pensez-vous ? »

Il s'est tellement rapproché de moi en me posant cette question que nos corps se frôlent. Je souris.

*

Je veux évoquer ici un tout autre aspect de notre relation : les appels nocturnes que je reçois à l'improviste. François Mitterrand a besoin de me sentir *à sa portée.* Quand je me déplace, il me demande à quel numéro il peut me joindre et il m'appelle là où je suis. Bien des gens de mon entourage lui parlent ainsi au bout du fil sans savoir qui il est.

À plusieurs reprises, je me rends compte que le président sait où je suis allée. Me fait-il suivre ? Je ne le pense pas.

Un 8 décembre, j'avais accompagné mon ami Bernard Faivre d'Arcier, invité à dîner à l'Élysée par Erik Orsenna, dans l'appartement mis à la disposition des conseillers du président, lorsqu'ils sont d'astreinte.

Une astreinte bien agréable puisqu'elle permet d'inviter des amis aux frais de la République. Ce soir-là, Erik Orsenna recevait notamment Milan Kundera. Le dîner est inoubliable tant l'écrivain tchèque s'est imposé par son intelligence et sa culture.

Le soir, en rentrant chez moi, le téléphone sonne. Le président me demande si j'ai passé une agréable soirée avec son conseiller culturel. Il savoure ma surprise. Puis il me parle longuement du dernier roman de Kundera, *L'Insoutenable Légèreté de l'être*. Je retiens ce commentaire du président sur la difficulté à concilier le désir de légèreté et la pesanteur du destin.

*

Le souvenir le plus amusant a lieu en Israël, quelques semaines plus tard, à la fin du mois d'avril 1985. Je suis en voyage avec un groupe d'amis, un voyage qui n'a rien de luxueux. Nous sommes descendus dans un hôtel très modeste de Nazareth. Je n'ai jamais compris comment le président avait su où nous avions réservé. Lorsque je lui ai posé la question à mon retour à Paris, il m'a simplement répondu : « Laissez-moi mon secret, je saurai toujours où vous trouver ! » Cette nuit-là, donc, il est plus de minuit quand j'entends toquer à la porte de ma chambre. On me demande au téléphone, me dit le portier de l'hôtel. Je le suis en chemise de nuit et descends deux étages, talonnée par des garçons palestiniens que je dois rabrouer bruyamment car ils font mine de soulever ma chemise de nuit. C'est dans cette tenue que j'entre dans une petite pièce où dorment trois hommes. Le téléphone est là, posé sur une table basse. C'est le président qui m'appelle de Latche.

*

Au cours des mois de mai et de juin 1985, François Mitterrand me fait venir à un rythme presque hebdomadaire.

« Je n'ai jamais pris autant de temps pour m'allonger et méditer que depuis que je vous connais. Je pense souvent à la manière que vous m'avez apprise de faire voyager une lumière dans mon corps. Cela me fait du bien, je crois. »

François Mitterrand fait allusion à une technique que m'a transmise le médecin du dalaï-lama, venu donner un séminaire sur la médecine tibétaine à Montpellier.

J'avais raconté au président comme cet homme avait enseigné, grâce à un interprète, la façon dont on pouvait aider les cellules de son corps à faire leur travail. Sept cents personnes se trouvaient dans la salle et je me souviens comment tous ces médecins occidentaux, nourris au lait de l'allopathie, avaient expérimenté cette médecine. Il s'agissait de visualiser une lumière et de l'imaginer pénétrer le corps par la fontanelle, puis se répandre doucement autour et à l'intérieur des organes, le long de la colonne vertébrale, jusqu'aux pieds.

Selon l'endroit où le corps était en souffrance, il fallait laisser longtemps cette lumière « baigner » l'organe malade.

Selon le médecin tibétain, cette visualisation de la lumière avait un effet bénéfique sur le corps. Et toute la médecine tibétaine était fondée sur le rapport entre la pensée et le corps.

J'avais donc partagé cette expérience avec le président et il m'avait demandé de le guider dans cette expérience.

Il me confie donc que, depuis, il met souvent en pratique cette forme de méditation, et je comprends qu'il se sente mieux.

*

La semaine suivante, il me demande si cette visualisation tibétaine s'apparente à l'autohypnose, dont il a entendu dire grand bien.

Je lui confirme que ce sont des approches voisines. Je lui raconte l'expérience du psychiatre Milton Erickson qui, alors qu'il est atteint à l'âge de 17 ans d'une paralysie que les médecins déclaraient définitive, découvrit le pouvoir inouï de son imagination sur son corps paralysé. À force de s'imaginer marchant, il réussit un jour à se mettre debout et à retrouver l'usage de ses jambes.

Un soir, alors que je suis dans son bureau, François Mitterrand se plaint à moi d'une forte migraine. Je me lève, contourne son bureau et viens poser très naturellement mes mains sur son front et sa nuque. Il ne semble pas surpris, et demeure ainsi immobile, les yeux fermés. « Vous me soulagez, vous avez un don ? » Je lui réponds que je crois à l'énergie que l'on transmet avec ses mains. Tout le monde peut le faire, mais peu osent. Quelqu'un m'a aidée à « oser ». Je sens que ce terme que j'emploie, « oser », lui plaît. « Vous savez que je crois beaucoup à l'énergie des lieux, des gens, me dit-il. Nous émettons des ondes, c'est certain ! Les vôtres me font du bien. » Il me demanda ensuite, de temps à autre, de poser ma main sur un endroit où il a mal.

François Mitterrand est curieux de tout ce que j'entreprends. Il veut que je lui parle des domaines que j'explore. Il me répète qu'il aime cet esprit d'aventure dont je fais preuve en allant voir du côté des choses qui ne sont pas « psychanalytiquement correctes ». « J'aime votre liberté d'esprit. »

C'est vrai que je me passionne pour les thérapies de l'esprit.

Je reviens d'un stage effectué au centre Dürckheim, à Mirmande, dans la Drôme. « Tiens, c'est là qu'habite Régis Debray ! » sourit-il.

Dans ce centre, on enseigne la méditation zen et la *leibtherapie.* Comme le président lève les sourcils en signe d'interrogation, je lui explique la différence que les Allemands font entre le corps que l'on a, *Körper*, et le corps que l'on est, le corps propre, *Leib*.

Je trouve très intéressante cette distinction des corps. La médecine se concentre sur le « corps que l'on a », le futur cadavre en quelque sorte. Dürckheim a cherché à comprendre le « corps que l'on est », c'est-à-dire *la corporalité animée*.

« S'agit-il d'un corps spirituel ? me demande François Mitterrand.

— Vous savez, c'est une intuition que les hommes ont depuis la nuit des temps. Selon les pays du monde, et les traditions, on a parlé de "corps énergétique" ou de "corps sensible" ou encore de "corps de présence".

— Cela me paraît évident. La terre est bien parcourue de courants d'énergie, pourquoi notre corps ne le serait-il pas ? commente le président.

— Quand on commence à s'intéresser à cela, on se rend compte qu'on trouve à divers endroits du globe des représentations artistiques de ce "corps d'énergie". C'est surtout en Orient que l'on a développé une géographie énergétique du corps. En Inde, on parle de *chakras*, ou de *nadis*, de *méridiens* en Chine.

— Et pas en Occident ?

— Si, bien sûr, vous savez, sainte Thérèse d'Avila, dans *Le Château de l'âme*, mentionne les “demeures de l’esprit” ou les “lieux de l’âme” dans le corps ! Dans la Kabbale, l’arbre des Sephiroth est une version occidentale des roues d’énergie de l’Inde. Ces mouvements de l’esprit dans le corps, on les observe autour des genoux du Christ sur le magnifique tympan de Vézelay, mais aussi sur une statue en bois du VIIIe siècle en Irlande, ou sur le visage et le corps des statues maories en Nouvelle-Zélande.

— Ce qui est mystérieux, c’est la manière dont on peut agir sur ces circuits, pour rétablir la santé, non ? » interroge le président.

J’énumère alors les thérapeutiques qui se sont développées un peu partout. En Chine, c’est l’acupuncture, au Japon, le reiki. En France, cette manière de soigner est restée longtemps assez ésotérique. Ce sont les rebouteux et les guérisseurs qui ont eu le monopole de ces soins énergétiques, mais aujourd’hui l’hypnose, l’ostéopathie, la *leibtherapie*, l’haptonomie ont pignon sur rue. Ce sont des approches non scientifiques parce que non prouvées, mais elles n’en sont pas moins efficaces.

« Vous voulez dire qu’on a trouvé comment soigner ce corps-là ? interroge François Mitterrand.

— On cherche, on tâtonne. Mais c’est passionnant ! »

Le président sait que je me suis formée à quelques-unes de ces approches. Il me demande ce que j'en pense sincèrement.

« Si notre corps ne se limite pas à un amas de muscles, de nerfs, de chair et d'organes, s'il a une dimension subtile que nous ne voyons pas mais que certains peuvent sentir, alors on peut très bien imaginer que l'on peut agir à ce niveau. Mais, vous savez, nous sommes dans un monde si rationnel que les gens ont besoin de formations. En fait, c'est très simple, et tout le monde pourrait le faire, à condition de croire que nous sommes les uns pour les autres des transmetteurs et des récepteurs d'énergie.

— Mais, quand vous parlez d'énergie, Marie, de quoi parlez-vous au juste ? De l'énergie cosmique ? D'une énergie spirituelle ? C'est quoi, *l'énergie* ? C'est compliqué, hein, de nommer ce que vous et moi sentons ! Cette onde qui nous traverse, cette présence que nous sentons dans les lieux où souffle l'esprit ?

— Vous avez raison, c'est presque impossible de nommer cela. En Chine, on parle du *chi*, en Inde du *prana*, chez nous, nous avons ce mot banal d'« énergie ». Personnellement, je parle des forces de l'esprit.

— Alors, il suffit d'être présent dans le contact, de laisser rayonner ses mains et laisser agir ces forces ? »

J'acquiesce. Le président sourit.

« Vous croyez à ce que vous faites, c'est ce qui compte pour moi. »

*

Le 6 août 1985, le président m'invite à déjeuner à l'Élysée. Il s'est souvenu de mon anniversaire, je quitte donc ma bergerie dans le Gard de bon matin, prends un avion à Nîmes, et arrive juste à temps.

Nous sommes installés dans la bibliothèque. Je sens que François Mitterrand a voulu chercher à me faire plaisir. Il y a donc du caviar au menu. Il sait que j'adore !

Sur mon assiette trône un paquet plutôt volumineux. Je l'ouvre. Il s'agit d'un livre de photos de Londres, prises d'avion. Une dédicace très simple : « À Vous », signé de ce grand F souligné deux fois, que j'ai déjà eu l'occasion de remarquer. Je ne saurai jamais s'il s'agit d'une signature qui m'est destinée ou qu'il réserve à ses proches. Manifestement, c'est une signature intime.

Le président me semble soucieux. Oui, il l'est, me dit-il, cette histoire du *Rainbow Warrior* le tourmente. Il vient de demander un rapport au conseiller d'État Bernard Tricot. « Mais, là, avec vous, je me sens un peu en vacances. Parlez-moi de Fangalas, votre petit ermitage ? »

Fangalas, c'est une bergerie en ruine que nous avons restaurée avec mon ex-mari, et dont le charme réside dans le fait qu'il n'y a pas l'électricité. Nous y avons vécu et j'y vis encore avec un frigo, un chauffe-eau et une cuisinière à gaz. Pour le reste, des bougies et des lampes à pétrole suffisent à nous y éclairer.

La qualité du silence et l'énergie du lieu sont exceptionnelles. J'ai découvert un jour une pierre celte sur le terrain qui descend devant la maison. Des gens d'Alès sont venus avec leur pendule et m'ont appris que se trouvait, là, chez moi, l'« avant-dernier menhir de la chaîne d'Irlande ». Je n'ai jamais su d'où ils tiraient leur savoir, mais, indubitablement, la région est truffée de mégalithes, et les Celtes se sont avancés jusque-là.

J'ai donc pris l'habitude de venir méditer quotidiennement près de cette pierre, dont la forme évoque pour moi un visage, soit de sphinx, soit de Vierge voilée, c'est au choix ! Peu importe d'ailleurs, car la pierre est belle et dégage quelque chose, une force tranquille.

« Il faudra que je vienne la voir un jour », lance le président.

En partant, il fixe une date à la fin du mois pour un nouveau déjeuner.

*

Je me souviens du puligny-montrachet 1978 que nous avons dégusté ce 29 août 1985. François Mitterrand poursuit la conversation que nous avions eue sur l'énergie des lieux et me parle de la religiosité des anciens, qui percevaient l'invisible. « Un sens que nous avons perdu, non ? » commence-t-il.

« Enfant, j'avais un sixième sens très développé. Il me semble qu'on le perd en grandissant. Le monde naturel était habité d'une présence, l'esprit de la terre, l'esprit des arbres. J'éprouvais une force invisible. Ne croyez-vous pas qu'enfants nous avons un sens du sacré, nous éprouvons cette force sans la nommer ? Nous sommes comme les hommes du paléolithique, nous avons une relation horizontale avec la nature. Ensuite on se verticalise, n'est-ce pas ? Et on se méfie des forces naturelles. »

Selon François Mitterrand, c'est au néolithique, au XIIe siècle avant notre ère, que l'homme a changé sa relation au sacré. Il a cessé d'invoquer les esprits de la nature et s'est inventé des dieux protecteurs, qu'il fallait amadouer par des sacrifices, lesquels nécessitaient des intermédiaires, les prêtres. Ainsi se sont constitués les religions et les clergés, poursuit-il.

« Voilà où nous en sommes ! Le rapport de l'homme au sacré passe par le clergé, par une théologie, par des rites imposés. Vous comprenez pourquoi je me défends d'être une personne religieuse. Bien que je sache que je le suis, au sens paléolithique du mot. »

Je demande alors au président pourquoi, à son avis, le christianisme se méfie à ce point des forces naturelles. « Tous les monothéismes reposent sur la présence d'un Dieu unique qui se manifeste à travers des prophètes. Il n'y a pas de relation directe au divin. Les protestants sont les seuls à avoir tenté de penser cette relation directe, et c'est pourquoi ils ont toujours mené des combats pour la liberté de penser. » Il ajoute : « Je crois que je n'ai jamais perdu ce goût pour la relation horizontale avec une nature habitée ; je suis une sorte de païen. Vous avez vos lieux, moi j'ai les miens : Bibracte en Bourgogne, les pins des Landes, mais aussi les cimetières et les églises romanes où j'essaie de me glisser incognito, et puis Vézelay, la colline inspirée ! Tout cela me parle plus de Dieu que les discours religieux. C'est tout de même quelque chose, cette force que dégagent la nature et les lieux ! »

Le président revient justement de Bibracte. Il est allé inaugurer le site archéologique du mont Beuvray. Comme je suis morvandelle, par ma grand-mère paternelle, et que mon père est enterré à Autun, il sait que le sujet me touche.

« Dans mon discours, j'ai évoqué ces lieux où souffle l'esprit, nous nous trouvions sur l'un d'eux, commence le président. N'est-ce pas, lorsqu'on gravit les pentes du mont Beuvray et que l'on contemple le paysage embrumé, qu'on éprouve le sentiment de s'approcher de quelque mystère, celui des puissances de la terre ? J'ai voulu que ce lieu soit un site national. Il faut que les Français sachent que s'est joué là le premier acte de notre histoire. Nous y avons nos racines. Il faut que les gens sachent que Bibracte est l'un des hauts lieux de la civilisation celtique et qu'il a rayonné sur la plus grande partie de l'Europe jusqu'à la conquête romaine. »

François Mitterrand s'anime, s'enflamme comme je ne l'ai jamais vu auparavant.

*

Après l'été, je commence un nouveau travail à l'hôpital psychiatrique de Villejuif, où je viens de décrocher un poste de psychologue. « Quelle atmosphère, ces êtres qui déambulent comme des fantômes, se tapent la tête contre les murs ou les radiateurs. Comme absents au monde ! Je ne sais pas si je resterai longtemps à ce poste, ai-je confié au président. Je ne supporte pas de me promener tout le temps avec un trousseau de clés à la main. J'ai l'impression d'être dans une prison. »

On m'a affectée dans un service de grands psychotiques. Certains sont là depuis trente ans. Et je me demande sincèrement ce que je peux faire dans cet univers de folie.

« Vous me faites penser aux *Âmes mortes* de Gogol, l'enfer sur terre ! me dit François Mitterrand au téléphone. Vous qui aimez mettre de l'amour et de la lumière autour de vous, voilà un beau terrain d'expérimentation, non ? »

Je reconnais que ses mots m'aident. Et, quelques semaines plus tard, je commence à m'attacher à ces âmes errantes.

*

Le 25 septembre, je me retrouve devant une cassolette d'escargots. Le président est d'excellente humeur et s'amuse de ma déconvenue. Je n'ai jamais goûté d'escargots. « C'est le moment d'essayer », me rabroue-t-il gentiment.

Puis, me tutoyant :

« Ma chère Marie, et si je te nommais ambassadrice quelque part, je ne sais pas, à Monaco, ou au Lichtenstein ?

— Ambassadrice ? me suis-je exclamée, interloquée.

— Oui, je pense que tu saurais très bien faire. Et puis cela te permettrait de rencontrer un riche banquier. Qu'en penses- tu ? ».

Je reste sans voix. Je sens bien que François Mitterrand a été impressionné par la description un peu dépressive du service psychiatrique où je viens de faire mes premières armes. Il sait par ailleurs que je tire le diable par la queue depuis mon divorce. Je me doute donc qu'il cherche à me trouver un point de chute quelque part. Mais la diplomatie !

Le 5 octobre, nouvelle invitation à déjeuner. J'ai eu le temps de me remettre de la proposition que m'a faite le président.

« Je suis très touchée que vous vouliez m'aider, vraiment très touchée, mais vous savez, même si je pense que je saurais très bien tenir le rôle d'une ambassadrice, je pense que vous allez vous mettre à dos toute la profession des diplomates ! Et puis je suis avant tout une soignante. Mon métier, c'est d'écouter les autres et de les aider à tracer leur chemin dans la vie. Pas de faire des mondanités et de donner des réceptions, même si je pense que mon milieu m'a appris à faire cela. Puisque vous voulez m'aider, trouvez-moi quelque chose dans le domaine qui est le mien ! »

François Mitterrand ne dit rien. Mais je sens que ma réaction lui a plu.

*

« Bonsoir, il est onze heures moins le quart, je viens de rentrer de mon dîner avec le roi de Jordanie. Je tombe de sommeil. J'espère que tu ne rentreras pas trop tard. Je vais dormir. J'appellerai demain. J'espère que j'aurais de la chance… Bonne nuit ! »

Je trouve parfois ce genre de message tardif sur mon répondeur.

Le lendemain, je suis conviée à déjeuner.

Le président me dit un mot de la commission ministérielle qui se tient au ministère de la Santé autour de la question de l'accompagnement des mourants. Cette commission réunit autour d'Edmond Hervé, ministre de la Santé, des médecins, des psychanalystes, des théologiens, qui viennent de se rendre compte que l'on pratique largement l'euthanasie – sous forme de cocktails lytiques – dans les hôpitaux, faute de savoir soulager les mourants.

« Nous allons créer la première unité de soins palliatifs en France, et même en Europe, veux-tu en être la psychologue ? »

J'accepte d'emblée, sans réfléchir, car je sens que le président m'ouvre une porte. Je lui ai parlé des quelques patients cancéreux que j'ai accompagnés ces derniers temps et suivis jusqu'au bout, comme des livres de cette psychiatre américaine, Elisabeth Kübler-Ross, qui enseignait aux étudiants en médecine la psychologie des derniers instants. Il sait que je m'intéresse à la manière dont on peut aider les gens à mourir. Sa proposition a donc tout son sens.

« Tu verras Gubler, il fait partie de cette commission. »

Rendez-vous est pris dans la foulée de ce déjeuner et, le 13 décembre, je rencontre le médecin aux rouflaquettes de François Mitterrand. Gubler me reçoit dans un salon de l'avenue Kléber, en marge du sommet franco-africain, et dresse un état des lieux de la prise en charge, en France, de ceux qu'on appelle les *mourants.* Il me parle du scandale de la douleur, de l'incompétence des médecins, formés à guérir et terrifiés à l'idée de devoir cesser les thérapeutiques et accompagner leurs patients jusqu'à leur mort. Il déplore le sentiment d'échec de la médecine devant ce qui est notre destin à tous.

La commission d'Edmond Hervé a décidé la création d'un petit nombre d'unités de soins palliatifs sur le modèle de ce qui existe déjà au Québec. Leur objectif : accueillir ceux que la médecine ne peut plus raisonnablement guérir, pour qu'ils soient soulagés et qu'ils puissent vivre le temps qui leur reste le plus sereinement possible.

Gubler pilote, semble-t-il, la création de ce service pionnier à l'Hôpital international de l'Université de Paris[1]. Il me dit qu'il préviendra le chef de service, le docteur Abiven, de la création de mon poste, et me conseille de le rencontrer sans tarder.

Je viendrai rendre compte de mes démarches auprès de l'hôpital universitaire lors de deux déjeuners très rapprochés, les 21 et 23 décembre.

Je suis enthousiaste à l'idée de quitter la psychiatrie et de me lancer dans cette nouvelle aventure. J'entrevois tout l'enjeu humain de la création de ce service pilote. Être proche, solidaire de celui qui va mourir. Ne pas l'abandonner.

J'ai pris la mesure de l'indignité des fins de vie, expédiées dans le secret et l'illégalité la plus totale, de la solitude des mourants et de leurs familles.

---

1. Aujourd'hui Institut Montsouris.

La tâche qui m'attend me semble magnifique, et je sais François Mitterrand personnellement attentif à ce projet et fier que cette évolution ait lieu sous son septennat.

*

En ce début d'année 1986, le maître d'hôtel nous sert des huîtres, arrosées d'un chablis. Nous trinquons à l'année qui s'ouvre. Le président va bien. C'est une année importante qui commence, et il ne me cache pas que la perspective des élections législatives le préoccupe. Il prend des nouvelles de mon travail ; je m'apprête à quitter la psychiatrie dans quelques mois.

« C'est plutôt une bonne chose, non ? »

Comme je sais qu'il aime m'entendre lui raconter mon quotidien à l'hôpital, je lui parle de ce patient mélancolique qui voulait se suicider parce qu'une voyante lui avait prédit qu'il ne dépasserait pas l'âge de 30 ans. Je me suis donné beaucoup de mal pour contrer cette prédiction aux effets néfastes. J'ai réussi à faire une contre-prédiction. « Comment cela ? me demande le président. — Je lui ai "prédit" qu'il dépasserait l'âge de 30 ans et qu'il commencerait à aller mieux ensuite. C'est ce qui s'est passé. Il s'était attaché à moi, sa thérapeute, et, comme il me parlait de sa mélancolie, je lui ai dit ce que je pensais de cette pesanteur de l'âme. Un philosophe allemand, Romano Guardini[1], soutient que les véritables racines de la mélancolie se situent dans l'inquiétude que provoque chez l'homme la proximité de l'éternel.

« Quand mon patient a compris qu'il avait du mal à accepter les limites de sa condition humaine, et que sa souffrance venait d'une soif d'absolu qu'il ne pouvait pas satisfaire, il a commencé à aller mieux. Il a compris que le fruit de la mélancolie, c'était l'approfondissement de sa vie spirituelle.

« Je crois qu'il a commencé à regarder sa solitude et son enfermement sous un autre jour. Il a admis que les murs de l'hôpital le protégeaient et protégeaient sa quête d'absolu. »

Je reconnais le regard du président quand on lui montre un aspect des choses auquel il n'avait pas pensé.

*

Nous déjeunons dans la bibliothèque. Le président s'est imposé un régime de quinze jours : fromage blanc, brocolis, yaourt. La campagne

---

1. Romano Guardini, *De la mélancolie*, Seuil, coll. « Points Sagesses ».

pour les élections législatives est ouverte et François Mitterrand se dit éprouvé par son discours de la veille à Lille. « Ce n'est pas ce que j'ai dit qui est important, c'est l'échange des énergies entre la foule et moi. Je la sens, cette énergie qui monte de la foule. Je la sens qui me traverse, et puis je la restitue. C'est une vraie circulation. Beaucoup d'orateurs parlent avec leur tête, moi je parle avec tout mon corps, et je suis conscient de ce qui se passe. »

*

Le président m'appelle souvent le soir. Il me dit : « Passez me voir ! » Nous convenons alors d'une heure. Ce sont parfois des visites très courtes, pendant lesquelles nous bavardons de tout et de rien. Je me suis souvent demandé quel sens cela peut avoir. Il semble y tenir.

« Vous voir me fait du bien ! » Comme je lui demande pourquoi, il me répond que c'est sans doute à cause de mon calme et de ma douceur. « Vous avez de bonnes ondes, vous le savez bien ! »

Le 11 février 1986, je passe rapidement à l'Élysée. Le président me reçoit dans son bureau. Le lendemain, il va signer le traité sur le tunnel sous la Manche avec Margaret

Thatcher à Canterbury. « Vous connaissez la cathédrale et la dalle où Thomas Becket a été assassiné ? me demande-t-il.

— Et vous ? Connaissez-vous le livre d'Eliot *Meurtre dans la cathédrale* ? »

Comme François Mitterrand me répond par la négative, je lui raconte cette pièce de théâtre, en vers et en prose, dans laquelle T.S. Eliot met en scène le meurtre de Thomas Becket, archevêque de Canterbury, alors qu'il célèbre les vêpres dans sa cathédrale. C'est un texte superbe sur le rapport entre pouvoir spirituel et pouvoir temporel. L'archevêque sait qu'il va mourir et il accepte son destin. Mais, avant de mourir, il doit affronter quatre tentations, dont la dernière est la plus redoutable.

« Quelle est-elle ? me demande le président.

— La tentation de la sainteté ! La sainteté pour la gloire ! T.S. Eliot énonce une vérité brutale : celui qui cherche à être saint ne peut l'être, puisqu'il est mû par une ambition personnelle, égotique. Il a cette phrase très forte : la pire tentation, c'est "faire ce qu'il convient pour la mauvaise raison".

— Vous avez raison, l'ambition est incompatible avec la sainteté, commente le président. Quand j'étais enfant, je voulais être pape ou roi. Mais c'est le pouvoir qui m'attirait, peu importe qu'il fût spirituel ou temporel. »

François Mitterrand me demande de lui prêter le livre.

Il me raconte ensuite son week-end à Latche et *L'Amour conjugal* de Moravia qu'il vient de lire. J'aime aussi quand il me raconte. Il a incontestablement un don pour cela. Puis, je lui demande à brûle-pourpoint de me parler de Danielle, sa femme. Il sourit et me répond que « c'est une femme très bien ». Je sens dans son propos beaucoup d'estime et d'affection.

Avant que je ne parte, il me met dans les mains la boîte de chocolats que la romancière Christine Arnothy lui a apportée le matin même de Suisse, ainsi qu'un exemplaire du recueil de discours qu'il vient de publier, *Réflexions sur la politique extérieure de la France.*

*

Nous sommes le 15 février 1986, 16 heures. Je croise Paul Quilès, qui vient transmettre au président la demande d'intervention française au Tchad que lui a faite Hissène Habré. Le président me reçoit deux minutes dans son bureau, le temps de me demander de revenir une heure plus tard. « Vous voyez, il y a une urgence ! » Il me suggère de faire les vitrines du faubourg Saint-Honoré.

À vrai dire, j'ai plutôt envie d'aller me recueillir quelque part. Je pars donc à Saint-Gervais, une église dans laquelle j'aime aller prier et méditer. Je pense à François Mitterrand et aux décisions graves qu'il est sans doute en train de prendre.

Une heure et demie plus tard, je retourne à l'Élysée et croise Roland Dumas, Paul Quilès et Louis Schweitzer. Quand j'entre dans le bureau du président, il lit tranquillement un magazine. C'est déroutant de le découvrir ainsi, quand je sais que l'heure est grave. Mais je sais aussi que, dans les activités les plus anodines, on pense, on réfléchit, on laisse travailler en soi les décisions. Quand je lui dis que je suis entrée à Saint-Gervais, il sourit : « Ça ne m'étonne pas de vous. »

*

Nous ne parlons presque jamais de politique. Pourtant, en cette fin d'après-midi de mars 1986, alors que je suis face à lui dans son bureau, il me demande à brûle-pourpoint : « Vous qui êtes en relation avec l'invisible, que dois-je faire ? J'aimerais votre avis. » Il est question de la décision qu'il doit prendre après l'échec de la gauche aux législatives.

« Je serais bien parti, mais les gens n'ont pas envie d'une crise majeure. »

Je lui réponds alors :

« Vous avez devant vous une occasion nouvelle, difficile mais magnifique, de faire grandir la France. L'avenir n'est-il pas dans l'union et le dépassement des susceptibilités personnelles ? Vous êtes le seul à pouvoir le faire, le seul à pouvoir inviter les uns et les autres à réaliser ce que la France souhaite au plus profond de sa sagesse et dont nous avons tant besoin. Je vous aime en rassembleur d'énergies et je sais que vous incarnerez cette force-là jusqu'au bout. »

François Mitterrand m'écoute, un léger sourire aux lèvres.

« Décidément, vous êtes touchante, mais, vous savez, je me méfie de l'œcuménisme naïf des Français. »

Il est tard, peut-être plus de 19 heures. Le président propose de me ramener en voiture. Il ira ensuite dîner rue de Bièvre. Cela tombe bien. Je dois justement retrouver Bernard Faivre d'Arcier, chez qui je vais passer le week-end, rue Saint-Bon. Je me souviens très bien de la pleine lune, ce soir-là, de notre chuchotement à l'arrière de la voiture, et de la manière tendre avec laquelle il a pris ma main et l'a gardée un moment dans la sienne, en silence.

*

Un appel tardif dans la nuit du 4 avril. Le neveu du président est mort cette nuit au Val-de-Grâce. « Quelle étrange chose que la mort ! » souffle le président.

Pourquoi veille-t-on les morts pendant trois jours, me demande-t-il. « Est-ce parce qu'on pense que le corps subtil reste ce temps-là près du cadavre ? »

*

Une semaine plus tard, le 11 avril, le président vient déjeuner pour la deuxième fois à Sceaux. Parvenu devant chez moi, il se trompe de porte et entre chez mon voisin, qui est aussi mon propriétaire. Nos maisons en meulière comme nos jardins se ressemblent tant. C'est seulement au seuil de la porte, d'ailleurs ouverte, que François Mitterrand se rend compte de son erreur. Il rebrousse chemin à toute allure et arrive chez moi, hilare. Nous imaginons la tête qu'aurait faite mon voisin s'il s'était trouvé nez à nez avec le président de la République, coiffé de sa casquette.

Dans mon salon, il se précipite vers ma bibliothèque et scrute les rayonnages. Parmi tous les livres de C.G. Jung qui garnissent une pleine étagère, il saisit celui qui traite des archétypes.

À peine à table, il m'interroge sur ces fameux organes de l'âme. Je me lance avec passion dans le récit de la vie de cet explorateur inouï des profondeurs de l'âme humaine qu'était Jung. Ce fou s'enfermait dans sa tour de Bollingen, écrivait tous les jours en gothique allemand son *Livre rouge*, illustrant ses rêves, les commentant avec des associations qui allaient puiser dans son immense culture. Un savoir prodigieux sur le monde symbolique commun à tout humain, qu'il soit né en Asie, en Afrique ou en Amérique latine. Ce sont ses recherches qui lui ont permis de déclarer que les archétypes sont les symboles universels qui nous structurent. Nous y avons accès par nos rêves.

Le président m'interrompt. « Je ne me souviens pas souvent de mes rêves, mais cette nuit j'ai rêvé que j'errais dans d'immenses pièces vides qui communiquaient entre elles.

— Des espaces qui attendent d'être habités ? » ai-je eu envie de demander. Mais je m'abstiens, car j'ai appris à ne rien interpréter. Il n'aurait pas supporté. Et d'ailleurs, la meilleure façon d'être proche de lui, c'est de ne rien dire…

« Des temps et des espaces vides me feraient du bien », ajoute-t-il.

Puis, revenant sur Jung : « Si j'ai bien compris, le désaccord entre Freud et Jung porte sur le Désir. Il serait toujours sexuel pour Freud, et serait religieux chez Jung ?

— Religieux, dans le sens étymologique du mot, ai-je précisé, c'est-à-dire l'instinct de *ce qui relie*. L'être humain a un sens inné du lien, et de l'au-delà de lui-même. Ce serait plus juste de dire que Jung misait sur l'instinct spirituel de l'homme. »

Entre les huîtres et l'andouillette, qu'il dévore avec appétit, nous reparlons de cette distinction entre « religion » et « spiritualité ».

« Vous me l'avez très bien expliqué vous-même, ai-je fait remarquer, la spiritualité unit les hommes, la religion les sépare. Tous les hommes ne sont-ils pas des chercheurs du divin, à leur âme défendante ? On peut voir la vie humaine comme une sorte de pèlerinage intérieur. D'épreuve en épreuve, de joie en peine, de succès en échec, l'être humain devient de plus en plus humain. Il descend de plus en plus profond en lui et se rapproche de son Soi, c'est-à-dire de son Être. »

*

Un soir de la fin juin, François Mitterrand me demande si cela me ferait plaisir de découvrir New York, une ville où je ne suis jamais allée. Il part avec une petite délégation pour célébrer le centenaire de la statue de la Liberté. « Voulez-vous venir ? Je vous mets sur la liste de mes invités. »

Me voilà donc assise dans le Concorde, à côté de l'interprète du président[1]. L'homme a énormément de charme et me plaît immédiatement. J'apprends qu'il a travaillé avec tous les présidents de la République depuis Vincent Auriol, et qu'il dirige aujourd'hui le service d'interprétation du ministère des Affaires étrangères, ainsi que l'école d'interprètes de l'université Dauphine. Un parcours qui m'impressionne.

Pendant les deux heures de vol jusqu'à New York, nous ne cessons de parler et de nous séduire mutuellement. Je crois pouvoir dire que nous sommes tombés amoureux l'un de l'autre au-dessus de l'Atlantique.

Je ne l'ai plus croisé pendant les deux jours de la visite présidentielle, car il ne quitte pas le président d'une semelle, et moi je suis obligée de suivre le programme de la délégation, en compagnie de Charles Salzmann, conseiller du président, et de quelques autres, dont Cyrille

1. Christopher Thiéry.

Schott[1], Jean Musitelli[2] et Harlem Désir, fondateur de SOS Racisme.

Je me souviens d'avoir assisté, depuis le porte-hélicoptères *Jeanne-d'Arc*, aux festivités de ce centenaire : parade maritime, avec le magnifique trois-mâts français, le *Belem*, feu d'artifice, concert. Joie de découvrir New York, comme des milliers d'immigrants, par la voie maritime, avec cette majestueuse statue de la Liberté, offerte par la France, en 1886, pour célébrer l'indépendance des États-Unis.

Dans l'avion du retour, mon nouvel amoureux prend place à mes côtés. Quand François Mitterrand me demande de le rejoindre un moment dans son salon privé, il m'interroge sur mon séjour à New York, et cherche à savoir si des membres de sa délégation ont pris soin de moi. Quand je cite le nom de son interprète, il marque un temps d'arrêt. Je crois qu'il a senti que l'homme ne m'était pas indifférent. Puis, il me dit : « J'ai le meilleur interprète du monde. »

*

1. Le préfet Cyrille Schott est aujourd'hui directeur de l'Institut des hautes études de la sécurité et de la justice.
2. Conseiller d'État.

L'été passe et la ronde des déjeuners en tête-à-tête avec le président reprend.

Inoubliable, ce repas d'oursins au cours duquel François Mitterrand se lance dans un éloge vibrant du journal d'Etty Hillesum. « C'est un livre surprenant de force morale et de joie de vivre. Il faut absolument que vous lisiez cela ! »

Il a ce ton que j'aime quand il raconte quelque chose qui lui tient vraiment à cœur, un ton appuyé, la tête un peu penchée vers l'avant, le regard plein de feu. Il évoque cette jeune Juive d'Amsterdam, et insiste sur son inaltérable joie de vivre, alors même qu'elle sait que son destin est de mourir bientôt dans un camp d'extermination. Un destin qu'elle ne cherche pas à fuir, mais à assumer.

« C'est une chose que je ne peux comprendre, qu'une femme intelligente comme elle n'ait pas tout mis en œuvre pour contrer cette fatalité », dit le président. Bien sûr, elle avait la conviction que l'extermination du peuple juif était inéluctable. « "*Notre disparition est programmée*", disait-elle. Mais pourquoi ne pas avoir cherché à résister ? »

En quittant le président, je me suis précipitée chez un libraire et j'ai acheté *Une vie bouleversée* d'Etty Hillesum, que j'ai lu d'une traite.

Le soir même, François Mitterrand m'appelle. Je lui dis que cette lecture me bouleverse.

« Quand puis-je venir vous en parler ?

— Demain, passez me voir vers 17 heures. »

« Alors ? Je savais bien que vous aimeriez. » Contrairement à son habitude, François Mitterrand vient à ma rencontre dès que je suis introduite par l'huissier dans son bureau. Il m'embrasse la main, un geste qu'il fait toujours en me regardant droit dans les yeux. Je lui trouve aujourd'hui un air particulièrement enjoué. « C'est un des meilleurs livres que j'aie lus. Comment ne pas éprouver un immense respect devant l'effort qu'a dû faire cette jeune femme pour donner sens à cette avancée consciente vers sa mort programmée, et pour rester joyeuse ?

— Oui, quand elle dit que la vie est belle malgré tout !

— Et puis, vous ne trouvez pas curieux qu'une jeune Juive tienne un discours presque chrétien ; elle dit qu'elle s'agenouille, qu'elle prie son Dieu intérieur ?

— Je pense que c'est avant tout une mystique. Et vous savez comme moi que toutes les mystiques se rejoignent, puisque Dieu est d'abord une expérience. Quand elle parle de

Dieu, elle dit : “*Ce qu’il y a de plus profond en moi*”. »

— Oui, j’ai noté cette manière de dire. Vous avez raison. Cela transcende les discours religieux. Et quand elle explique que le travail qu’elle fait, d’autres n’auront pas à le faire. Comment comprenez-vous cela ? C’est presque christique, non, ce sentiment qu’en vivant son destin, en l’acceptant, elle va en quelque sorte sauver les autres.

— Et ce qui m’a beaucoup émue, moi, c’est quand elle écrit : “*Si Dieu ne m’aide pas, c’est moi qui vais l’aider.*” C’est bouleversant, non ?

— C’est stupéfiant ! s’exclame le président. Cette vision d’un Dieu que l’homme va aider, comme s’il était faible, fragile. Rien à voir avec le Dieu tout-puissant que nous avons en tête !

— Oui, le Dieu d’Etty Hillesum, ai-je précisé, c’est le Dieu de saint François d’Assise, cette petite lueur d’amour et de lumière nichée au fond de soi, forte et fragile à la fois, dont nous avons la responsabilité. »

*

Le président se plaint de ne pas donner « assez d’espace et de temps à son âme ». Sa fonction pèse parfois terriblement lourd.

« J'ai un besoin vital d'intimité avec moi-même, de silence. Je la trouve en plongeant dans les livres ou lorsque je marche en forêt. »

Il me fait cette confidence tandis que nous nous promenons dans le parc, comme souvent, un après-midi d'automne. Mais, cette fois-ci, il s'arrête net, me prend la main et ferme les yeux. Cela sent l'humus, la terre humide, les feuilles pourries. Un silence coule comme un petit ruisseau tranquille entre nous. Il me secoue la main. J'ouvre les yeux, que j'avais fermés moi aussi. Il a le regard rieur : « Vous êtes une drôle de femme ! »

*

Un peu plus tard, à l'automne 1986, nous nous retrouvons dans mon nouvel appartement de la rue de Rungis. J'ai quitté la maison de Sceaux, bien trop lourde à entretenir, et trop grande maintenant que je suis seule avec deux de mes enfants. Mon appartement se situe à deux pas de l'hôpital universitaire où j'ai commencé à travailler. Je suis attachée comme psychologue au service de médecine générale du docteur Abiven, dans l'attente de l'ouverture de la future unité de soins palliatifs. On m'a demandé de former la future équipe de soignants. Je m'attelle donc à cette formation inédite, puisque jamais personne n'a mis au point un enseignement de ce genre.

« Comment allez-vous faire ? » s'intéresse François Mitterrand.

J'ai l'intuition que le plus important est que nous partagions d'abord tout ce qui nous vient à l'esprit à propos de la mort. Comment aurions-nous la prétention d'accompagner des personnes en fin de vie, si nous ne sommes pas au clair, nous-mêmes, avec cette question ? Je pense donc proposer au médecin-chef une première journée, au cours de laquelle chacun des membres de la future équipe pourrait parler de lui, de ses deuils, de sa vision de la mort.

« Qu'en pensez-vous ? ai-je demandé au président.

— Je vous approuve totalement, c'est par là qu'il faut commencer. »

Je suis touchée que François Mitterrand m'encourage ainsi. Il m'a mis le pied à l'étrier, et je sens qu'il reste à mes côtés, pour mes premiers pas dans cette aventure.

À peine arrivé, il fait le tour de mon petit appartement et aperçoit sur l'étagère une photo de la cathédrale de Bourges.

« Savez-vous que mes ancêtres sont originaires de Bourges, et que c'est dans la cathédrale Saint-Étienne que j'ai eu un des premiers coups de foudre de ma vie ?

— Dans la cathédrale ?

— Oui, il y a là une atmosphère spirituelle que j'ai rarement perçue ailleurs. Est-ce dû à la lumière, aux vitraux d'un bleu si particulier ? »

Je raconte alors que j'ai vécu deux ans à l'ombre de la cathédrale, 4 rue du Guichet. J'avais 7 ans. Mon colonel de père dirigeait la garnison de Bourges. C'est dans la chapelle du fond, celle de la Vierge, que j'ai fait ma première communion. Je m'en souviens d'autant plus que, ce jour-là, j'ai connu une des plus grandes déceptions de ma vie. J'étais une petite fille très pieuse et j'étais persuadée qu'en recevant « le corps du Christ », j'allais ressentir quelque chose d'inouï. Je n'ai rien ressenti du tout. En rentrant, je me suis précipitée dans ma chambre et j'ai sangloté tout mon saoul sur mon lit. Lorsqu'on est venu me chercher pour le déjeuner de fête, j'avais le visage bouffi de larmes. « Vous voyez, Bourges nous a marqués, vous et moi, quoique bien différemment », ai-je conclu.

*

Une fois encore, François Mitterrand veut me faire plaisir. Pour ce déjeuner du 17 décembre 1986, le menu est une vraie fête : caviar, vodka Moskovskaya. J'aime évoquer ces plaisirs de la bouche, car nous les partageons. Le président est un fin gourmet, et il a le sens des bonnes choses. Je remarque qu'il va mieux, le lui dis, il me le confirme. La maladie semble s'être éloignée. Tant mieux !

*

En février 1987, je pars quinze jours me former à Montréal, dans les deux unités de soins palliatifs qui se sont ouvertes au Québec. Je découvre un pays auquel je vais beaucoup m'attacher. La psychologue qui m'accueille, Johanne de Montigny, est une femme étonnante. Seule rescapée d'un crash d'avion, alors qu'elle était la secrétaire du ministre du Commerce, elle s'est lancée, au bout de deux ans de soins intensifs, dans des études de psychologie et s'est spécialisée en soins palliatifs. Elle est la première psychologue à avoir intégré une unité de ce type à Montréal. Je mesure la chance que j'ai de pouvoir bénéficier de son expérience. Nous échangeons beaucoup, et notre sympathie mutuelle construira entre nous une amitié solide qui dure toujours à l'heure où j'écris.

J'ai tout appris d'elle. La manière d'aider les familles en deuil, de soutenir les soignants, les rituels qui permettent de survivre au quotidien dans un univers où l'on meurt tous les jours. Car on meurt beaucoup dans ce service, où les malades ont une espérance de vie de vingt et un jours en moyenne. J'assiste avec elle au groupe de parole qu'elle anime avec les médecins et les infirmières, je l'accompagne au lit des mourants. Lorsque je reviens à Paris, je sais que notre projet d'offrir un lieu humain pour ceux qui vont mourir n'est pas une utopie. J'ai vu que c'était possible.

À mon retour, bien sûr, le président m'a conviée à déjeuner. Je lui ai tout raconté. Parmi toutes les histoires que j'ai rapportées, celle qu'il préfère est celle de ce jeune couple installé dans l'unité, parce qu'elle, la femme, est atteinte d'une leucémie en phase terminale. Un jour, le jeune homme vient voir le psychiatre du service et lui dit que sa femme et lui voudraient passer une dernière nuit d'amour ensemble, mais pas à l'hôpital. Ils ont besoin d'intimité. Ils veulent une chambre à eux, protégée, sans bruits, sans la crainte qu'on fasse irruption en pleine nuit sous prétexte de changer une perfusion. « Qu'ont-ils fait ? me demande le président, que cette histoire semble toucher. — L'équipe s'est réunie et a décidé d'offrir une nuit d'hôtel à ce couple. Une ambulance les y a conduits, et ils sont revenus le lendemain matin. »

« Si nous sommes capables de ce genre de choses, d'une telle liberté et d'une telle créativité dans les réponses que nous donnerons à ceux qui n'ont plus que quelques semaines à vivre, alors c'est gagné ! » ai-je affirmé.

Je vois à son regard que François Mitterrand m'approuve.

*

8 avril 1987. J'écris au président une lettre officielle pour l'inviter à venir inaugurer notre unité de soins palliatifs, la première en Europe. « Une visite impromptue et non formelle comme vous en avez parfois l'heureuse initiative nous ferait un immense plaisir, lui ai-je écrit. Nous avons à cœur de vous présenter ce que nous faisons. Pour la première fois, des familles pourront vivre dans un service hospitalier et accompagner leurs mourants jusqu'au bout, sans avoir à subir les contraintes et les limitations d'horaires habituelles... Ainsi, nous offrons une solution intermédiaire entre l'hôpital, tel qu'il fonctionne habituellement, et le domicile. Une discipline nouvelle aussi, car la philosophie des soins palliatifs implique une véritable transformation des mentalités. Accueillant des malades en fin de vie, confrontés à la réalité de leur mort prochaine, notre

projet ne sera pas de lutter contre une maladie mais d'aider à vivre jusqu'au bout. Tout sera fait pour préserver la lucidité et pour soulager la douleur... Vous mesurez, j'en suis sûre, combien notre projet, s'il parvient à rayonner, contribuera à développer une approche plus humaine de la personne en fin de vie. Nous vous savons sensible à cette question, aussi votre visite serait pour nous, non seulement un honneur mais un encouragement. »

François Mitterrand n'est pas venu inaugurer l'unité. J'ai eu du mal à comprendre pourquoi, tant il s'était impliqué dans ce projet, mais je n'ai pas osé insister. J'ai senti que cette invitation le mettait mal à l'aise et que son exposition en public dans un lieu marqué par la mort l'inquiétait. Il m'a promis, cependant, qu'il viendrait un jour pour une visite privée, et il a tenu sa promesse deux ans plus tard.

*

En juin, j'accompagne Christopher en Jordanie. Car, même si nous ne vivons pas encore ensemble, nous vivons un amour.

C'est une invitation personnelle du roi Hussein, que Christopher connaît depuis longtemps puisqu'il est son interprète chaque fois que le roi vient en France, et ce depuis le général de Gaulle.

Le voyage est inoubliable.

À mon retour, j'en fais le récit au président. François Mitterrand se rend alors compte que j'ai une relation amoureuse avec son interprète. Nous n'en avions jamais parlé, car nous n'évoquons jamais notre vie privée. Je sens alors qu'il accuse un peu le coup. Pense-t-il que je vais être moins disponible ? Que cette interférence va nuire à notre relation ? Je le rassure.

« Je tiens à notre lien et je le protégerai, ai-je affirmé. Je suis comme vous, j'ai mes tiroirs secrets qui ne communiquent pas entre eux. » Cette comparaison le fait rire.

*

Maintenant que l'unité de soins palliatifs est ouverte, François Mitterrand veut savoir ce qui s'y passe.

Chaque déjeuner est l'occasion de lui raconter ce que je vis.

« Ce n'est pas trop dur, chère madame, d'être quotidiennement au contact de gens qui meurent ? s'inquiète-t-il.

— Non, mon cher président, je n'échangerais pour rien au monde ma place dans ce service.

Je m'enrichis de jour en jour. Je connais des moments d'une densité humaine incomparable, si incroyable que cela puisse paraître. »

Je lui parle alors de ce rêve que je viens de faire et qui répond à sa question.

« Je suis dans la cuisine d'une maison ancienne, en présence d'un homme. Celui-ci attire mon attention sur le mur, au-dessus de la cheminée. Il y a un trou, dans lequel il me demande d'aller regarder. Je prends un tabouret, je monte dessus et je regarde à l'intérieur du conduit de la cheminée. Il est noir, plein de suie. Mais quelle n'est pas ma surprise de découvrir que le long de ses parois coule quelque chose qui ressemble à du miel. Intriguée, je tends la main pour vérifier. C'est bien du miel ! Je descends alors de mon tabouret et me dis qu'il faut absolument que j'aille raconter aux autres ce que je viens de voir. Comme si je détenais un secret qu'il était urgent de partager.

— Comment comprenez-vous votre rêve ? interroge le président.

— Il me semble qu'il est clair : je travaille dans tout ce que notre société rejette, la mort, l'angoisse de mourir, la dégradation des corps. Pour les gens, c'est sale, tout cela. Eh bien, c'est là que je découvre tous les jours des trésors de douceur, de tendresse et d'humanité. Le miel, quoi ! »

*

Une autre fois, le président m'interroge sur ce que nous disons aux mourants qui entrent dans notre unité, et qui croient pour la plupart qu'ils arrivent dans une maison de repos, pour une convalescence. C'est un fait : il y a un tel déni de la mort qu'on entretient les malades dans un faux espoir de guérison.

« Nous ne "balançons" jamais une vérité impossible à entendre. Nous attendons que les gens nous posent des questions, et cela vient assez vite, car les malades ne sont pas idiots. Ils sentent bien dans leur corps que la vie s'en va, qu'ils s'affaiblissent. Alors le médecin prend le temps de s'asseoir et de parler. Il reprend l'histoire de la maladie, et explique clairement qu'il n'a plus les moyens de guérir, mais que ce n'est pas pour autant qu'il ne reste pas du temps à vivre. Au fond, le médecin restitue au malade ce qui lui appartient : son temps de vie.

« Vous vous souvenez, mon cher président, quand je vous ai rencontré en 1984, et que vous m'avez confié qu'on vous avait donné trois ans maximum à vivre. Je vous ai répondu que personne ne pouvait vous donner un tel pronostic, tout simplement parce que cela ne dépend pas seulement de la médecine, mais en grande partie du désir de vivre et des échéances que l'on s'est fixées. Quand le médecin dit à celui qu'il ne peut plus guérir : "Votre temps de vie vous appartient", il apaise son patient. Je le constate quotidiennement dans l'unité. Vous savez, il n'y a rien de pire que la comédie du mensonge. Cela génère une angoisse terrible et les gens ne peuvent plus communiquer entre eux.

— Je vous crois volontiers et j'imagine alors que les malades peuvent se préparer à mourir, non ? »

Je me doute que le président parle de lui, en me disant cela, mais j'ai compris dès le début de notre rencontre qu'il ne me dirait plus rien de sa maladie. Il sait que je sais, mais je suis celle qui a en quelque sorte *annulé* la prédiction des médecins, en lui disant que le temps qui lui restait à vivre lui appartenait. Je suis du côté de la vie.

*

Un mois plus tard, alors que nous déjeunons dans la bibliothèque, François Mitterrand me demande ce que je pense des demandes d'aide à mourir. « Quand les gens réclament la mort parce qu'ils ne veulent pas aller plus loin, que faites-vous ? »

Le président sait que nous recevons très peu de demandes de ce type dans l'unité où je travaille. Les personnes sont presque soulagées à 90 % de leurs douleurs, et elles se sentent si bien entourées et accompagnées qu'il ne leur vient plus l'idée de demander qu'on abrège leurs jours. Mais que faisons-nous pour les 10 % qui ont des douleurs réfractaires ? Les médecins n'hésitent pas alors à les faire dormir[1]. Elles meurent généralement dans leur sommeil, entourées de leurs proches ou du personnel de l'unité. Que faisons-nous si les personnes sont lasses de vivre, mais ne souffrent pas ? L'équipe fait alors appel à moi, la psychologue. Mon rôle est d'écouter. J'entends donc s'exprimer le désir de mourir. Un sentiment que j'ai du mal à faire comprendre : il se passe quelque chose dans le for intérieur de la personne qui met en mots son désir d'en finir. Soit elle est gagnée d'un sursaut de vie, comme si le fait d'avoir évoqué le désir de mourir la remettait dans la vie, soit la personne meurt quelques jours plus tard. En fait, les médecins n'ont jamais eu à intervenir par un geste médical pour aider ces personnes à mourir. Je défends l'idée que la parole délivre.

---

1. Cette pratique est légale aujourd'hui. Il s'agit de la *sédation profonde et continue*, loi Claeys-Leonetti votée en mars 2016.

Le président semble approuver mon analyse. Il me confie qu'il ne voudrait sûrement pas qu'on le maintienne en vie s'il perdait la tête. Il est donc clairement contre l'acharnement thérapeutique, mais il est personnellement opposé à une loi sur l'euthanasie.

« Pas du tout pour des raisons religieuses, mais parce que la société franchirait alors une ligne que j'estime intangible », a-t-il dit.

Cette ligne, c'est l'interdit de donner délibérément la mort. Un interdit qui structure la société, qui protège les gens. « Vous le savez bien, les gens ne sont pas habités que de bons sentiments ! Je mesure les dangers et les dérives possibles. Je me méfie d'une loi qui donnerait à une profession le pouvoir légal d'administrer la mort. Au nom de quoi ? De l'incapacité à soulager ? Au nom d'une autonomie prétendue mais non vérifiable ? À terme, ça servira des pratiques eugéniques d'élimination de personnes qui coûtent cher et ne rapportent rien. Et puis, vous savez, je n'ai pas aboli la peine de mort pour la réintroduire sous une autre forme ! Tant que je serai en vie, je m'opposerai à ce qu'on franchisse la ligne rouge ! C'est trop grave ! »

Je le vois s'échauffer. Le sujet lui tient à cœur, c'est sûr !

La porte de la bibliothèque s'ouvre et voilà que Danielle Mitterrand entre avec son labrador. C'est la première fois que je la vois. Le président me présente et l'invite à s'asseoir avec nous. « Je vois que vous étiez en pleine conversation… — Nous parlions de l'euthanasie, répond le président. — Je suis pour, dit Danielle. — Pas moi, rétorque le président, pas pour une loi. Bien sûr, j'admets que, dans certaines circonstances, la conscience du médecin lui commande de transgresser cet interdit, mais il le fait par compassion, par humanité, et cela devrait rester une affaire intime, face à une situation exceptionnelle. — Mais le médecin qui transgresse prend un risque énorme, fait remarquer Danielle. — Ce risque fait la grandeur du médecin ! » rétorque le président.

La réponse est brève et sans appel.

Se tournant vers moi, il poursuit : « Je suis très conscient du problème et des cas de conscience qui peuvent hanter les médecins. Je suis très conscient de la grande responsabilité du législateur sur un tel sujet. C'est d'ailleurs pour cela, pour éviter les dérives, que j'ai institué en 1983 un Comité consultatif national d'éthique. Il faudrait d'ailleurs que la France prenne l'initiative de compléter la Convention européenne de sauvegarde des droits de l'homme par l'imposition de principes éthiques communs pour l'ensemble de l'Europe. Et, à terme, il nous faudra une grande loi de bioéthique. »

Je sens le président très attaché à la protection de la personne humaine. « Comme tout le monde, j'admire les découvertes en génie génétique, les inventions des biologistes et des médecins. Mais j'ai un peu peur que la science ne nous prenne de vitesse et ne devienne immaîtrisable. En fin de compte, l'homme deviendra le jouet de la science et plus rien ne protégera son intégrité et ses droits. Cela exige de notre part une immense responsabilité. »

François Mitterrand développe alors avec une verve particulière la manière dont il différencie *éthique* et *morale*.

« On peut avoir une éthique et ne pas avoir de morale, non ? »

Jamais je n'ai entendu quelqu'un m'expliquer aussi clairement la différence entre les deux. On pense souvent que les sens sont voisins, parce que la morale, comme l'éthique, se préoccupe de ce qui est bien ou mal, mais en fait il y a une énorme différence, souligne le président.

« La morale, c'est ce qu'on a, par défaut d'éthique. La morale dicte des normes, tandis que l'éthique est une réflexion. On réfléchit sur la meilleure manière de se comporter, dans tel ou tel cas, pour faire le bien, ou du moins faire le moins de mal possible. »

Je reconnais bien là une des plus belles qualités de mon interlocuteur. Celle de prendre toujours le temps de la réflexion. Ne jamais agir sous le coup de l'émotion. Se méfier toujours de l'émotion collective, prendre du recul, de la hauteur, réfléchir.

À la fin du déjeuner, je demande au président s'il viendra visiter notre unité de soins palliatifs.

« Je n'ai pas encore décidé si je viendrai. »

La rémission

De 1988 à 1992, François Mitterrand a la sensation intime d'être guéri. De fait, il jouit d'une sorte de rémission.

Pendant cette période, nous nous voyons moins. Ai-je accompli ma mission, qui consistait à l'accompagner spirituellement dans un passage difficile où il sentait sa vie menacée ? A-t-il décidé de mettre un peu de distance entre nous, me sentant moins disponible ? Je vis désormais avec son interprète d'anglais, Christopher Thiéry.

Pendant ces quatre années, nous gardons cependant le contact et déjeunons ensemble de temps à autre.

Chaque année s'ouvre par l'appel désormais rituel du 12 janvier. Nous pensons à nos morts. S'ajoute maintenant la figure du père de Christopher, qui s'est donné, comme mon propre père, la mort un 12 janvier.

À l'occasion de ce long coup de fil, en ce début d'année 1988, le président me dit qu'il va bien, il s'estime dorénavant guéri. Il a beaucoup hésité à se représenter à l'élection présidentielle, mais pense que c'est son destin d'« y aller ».

« Nous nous verrons moins, mais vous êtes occupée ailleurs, maintenant, hein ? » Je sais qu'il fait allusion à ma relation avec Christopher. « Vous continuerez à prier pour moi ? Et nous restons en contact, n'est-ce pas ? »

*

Je reviens d'un voyage en Égypte. J'ai envoyé au président une carte du mont Sinaï.

Lorsque nous nous retrouvons pour déjeuner, fin février, il me remercie. « Comme c'est beau, hein, cette vue sur le désert du Sinaï. »

François Mitterrand me semble en pleine forme. Il se régale du bar au fenouil et du puligny-montrachet 1992 qu'il me prie de bien vouloir déguster.

Il me raconte alors qu'il se rend de temps en temps au monastère Sainte-Catherine

Il y a rencontré, en décembre, un moine français qui lui a fait une forte impression. Jean-Marc Joubert est un jeune intellectuel, agrégé de philosophie, qui n'avait jamais entendu parler de Dieu, vivant dans une famille agnostique. « Je crois, m'explique François Mitterrand, qu'il a été bouleversé le jour où il a assisté à une liturgie orthodoxe. Il s'est converti à l'orthodoxie. »

Lorsque je demande au président ce qui l'a touché chez cet homme, il me répond que c'est sa quête de Dieu, sa recherche de la vérité, son analyse du monde de la foi, malgré les doutes et les difficultés – notamment l'appel de la chair –, et enfin son intérêt pour le judaïsme. Jean-Marc Joubert[1] vit désormais dans ce monastère au pied du mont Sinaï.

1. Jean-Marc Joubert a écrit *Journal d'un Sinaïte. Moine français au monastère de Sainte-Catherine*, L'Harmattan, 2004.

François Mitterrand me dit qu'il aime discuter avec cet homme, il aime la profondeur de sa pensée et, ajoute-t-il, « je crois qu'il a perçu, comme vous, que j'ai une foi secrète. J'aime sa discrétion. Il n'y a pas chez lui ce côté intrusif que l'on rencontre si souvent chez les religieux, obsédés par l'idée de vous convertir. Non, cet homme-là, c'est un vrai spirituel ».

Puis, au moment de nous quitter, le président me dit qu'il a réussi à faire l'ascension du mont Moïse à pied. « Je m'étais lancé un défi. J'y suis arrivé. C'est là-haut que j'ai décidé de me représenter à la prochaine élection présidentielle. »

*

Je reçois une invitation à venir l'écouter parler au Bourget, dans le cadre de la campagne. C'est accompagnée de Charles Salzmann, conseiller et ami du président, que je m'y rends. Charles et moi partageons une commune admiration pour le thérapeute allemand Karl Dürckheim, et nous déjeunons de temps en temps. Ce soir-là, au premier rang de l'immense halle, nous écoutons le discours si tonique de François Mitterrand, sensibles à son immense charisme.

En ressentant l'énergie qu'il déploie, la force de conviction de sa parole, je pense à tout le chemin parcouru depuis notre rencontre de novembre 1984. Oui, il va mieux, cela se voit. La foule qui l'applaudit à n'en plus pouvoir lui communique une énergie palpable. Je sais qu'il sera réélu.

*

Parfois, François Mitterrand nous fait profiter de sa loge à l'Opéra Garnier. Il y va rarement. Je sais qu'il regrette de ne pas être plus sensible à la musique, aux voix, mais une fois il me parle de Schönberg. « Vous connaissez Schönberg ? Ce musicien hanté par la Bible, et qui est revenu au judaïsme quarante ans après s'être converti au protestantisme ? "*Ô verbe, verbe qui me manque !*" J'aime cet ultime cri de Moïse à la fin de *Moïse et Aaron*. »

Comme nous parlons de ces deux figures bibliques, le président me dit : « Je me reconnais dans cette dualité, Aaron parle avec la tête, Moïse avec le cœur, je vous l'ai déjà dit, avec la tête j'ai beaucoup de mal à croire, avec le cœur ce n'est pas pareil, les mots, les concepts ne rendent pas compte de ce que j'éprouve avec le cœur. »

*

Les déjeuners que nous partageons sont presque exclusivement consacrés désormais au récit de ce que je vis auprès des « mourants ».

François Mitterrand m'interroge inlassablement. Je lui parle de ce fameux « travail du trépas » si bien décrit par le psychanalyste Michel de M'Uzan[1].

« Qu'entend-il par là ? » demande le président.

À la veille de leur mort, ou dans les jours qui la précèdent, le comportement des mourants change. Alors que l'on pourrait s'attendre à une sorte de détachement, on observe au contraire un élan de vie surprenant, une « appétence relationnelle » dont on comprend d'autant moins le sens que tout – sur le plan biologique – laisse à penser que la mort est proche. Michel de M'Uzan parle de dernier effort pour assimiler tout ce qui n'a pas pu l'être jusque-là, comme si le mourant « tentait de se mettre complètement au monde avant de disparaître ».

« Mais il s'agit presque d'une image d'accouchement, remarque François Mitterrand. Êtes-vous témoin de cela ?

— Oui, parfois. Voyez-vous, hier j'ai quitté un homme qui n'a sans doute que quelques

1. Michel de M'Uzan, « Le travail du trépas », dans *De l'art à la mort*, Gallimard, 1977.

jours à vivre. Il m'a dit être pris d'une envie irrépressible d'inviter tous ses amis pour leur dire au revoir. Il a donc établi un planning. Il reçoit chaque jour dans sa chambre et commande chez Hédiard un déjeuner de luxe pour son invité et lui. Il ne peut presque plus manger, mais il goûte un peu à tout, et surtout il parle et parle sans arrêt, pendant que son invité se régale. C'est une scène surprenante. »

*

Le 10 décembre 1988, François Mitterrand m'invite à la cérémonie du 40e anniversaire de la Déclaration universelle des droits de l'homme. C'est émouvant d'entendre rappeler avec force les valeurs qui fondent notre démocratie. J'écoute avec bonheur Stéphane Hessel, que Christopher m'a fait connaître, car ils sont amis de longue date. Ils s'étaient rencontrés en 1954 à la conférence de Berlin où a été signé le traité de paix avec l'Autriche.

*

Quelques mois plus tard, François Mitterrand me propose de l'accompagner lors de son voyage d'État en Inde. « Je vais à Calcutta. Cela vous permettra d'aller voir mère Teresa. » Je suis évidemment très heureuse de cette invitation. J'ai beaucoup entendu parler de ce mouroir et de l'œuvre de cette religieuse.

Nous décollons en Concorde à 20 heures, ce mardi 31 janvier 1989. Dans l'avion, je côtoie Maurice Herzog, Jacques Lacarrière, Régis Debray et le commandant Cousteau. Pendant le voyage de quelques heures, nous nous déplaçons beaucoup à l'intérieur de la carlingue de l'avion pour discuter les uns avec les autres.

C'est lors de ce voyage vers Delhi que Dominique Lapierre, venu s'asseoir près de moi, m'a invitée à lui raconter mon quotidien de psychologue au chevet des mourants. C'est lui qui m'incite fortement à écrire mon témoignage. Il est directeur de collection chez Robert Laffont et il me promet qu'en rentrant il me fera commande d'un livre. L'idée de *La Mort intime* est née là, dans le Concorde présidentiel. À notre arrivée, nous sommes invités à une réception dans les jardins de l'ambassade de France. Je retrouve Catherine Clément, qui est l'épouse de l'ambassadeur. Nous nous connaissons depuis longtemps, car elle est la sœur de Jérôme Clément, pour lequel j'ai une grande affection. Le lendemain, notre avion décolle pour Calcutta. Je quitte alors la délégation pour me rendre au mouroir de mère Teresa. Lorsque j'arrive dans ce temple consacré à l'accueil des mourants les plus démunis de la ville, je trouve porte close. Une sœur vient parlementer à l'entrée. Elle aperçoit mon badge officiel, mais elle hésite à me faire entrer. Dans un anglais très approximatif, je comprends que mère Teresa n'est pas là. Vexée que le président de la République n'ait pas jugé important de venir visiter son mouroir, elle a quitté l'Inde. J'insiste alors pour entrer. Je me présente comme la première psychologue travaillant auprès des mourants à Paris, et je dis que le président m'a emmenée avec lui précisément pour que je le représente et que je visite le mouroir. C'est un peu osé comme déclaration, mais cela marche. La sœur consent à ouvrir la porte et à me laisser entrer. Elle me conduit dans la première salle, celle des femmes. Une rangée de lits bas, simplement équipés d'une couverture, et des moribondes allongées qui me regardent avec curiosité. Pas de perfusions, un grand calme, des êtres fatigués, épuisés, en fin de vie que l'on a ramassés dans les fossés du bidonville et qui agonisent, je dirais, tranquillement. Au mur, une grande inscription de l'Évangile en anglais : « *Tout ce que vous ferez au plus petit d'entre les miens, c'est à moi que vous le faites.* »

Nous passons dans la salle des hommes. Même calme impressionnant. Les mourants ne semblent pas souffrir. Seul, dans un coin, un être gémit sous sa couverture. La sœur qui m'accompagne et moi arrivons à hauteur de son lit. J'aperçois seulement des pieds qui dépassent, et je fais alors un geste qui me surprend moi-même : je prends ces pieds dans mes mains, doucement. La sœur me regarde avec étonnement. Tout en maintenant le contact que j'ai établi avec cet agonisant, je raconte alors à la religieuse que je touche souvent les mourants de notre service parisien. Je lui dis ma conviction que l'on peut communiquer beaucoup d'apaisement ainsi. À ce moment-là, l'être dont je tenais toujours les pieds émerge de sa couverture et je vois son visage. C'est une sorte de monstre, très déformé, mais qui me lance un magnifique sourire. La sœur et moi sommes bouleversées. Elle me prend alors dans ses bras et me dit : « *You have a beautiful soul*[1]. Vous êtes ici chez vous, vous pouvez rester aussi longtemps que vous le souhaitez. » Je sais qu'avec ce geste spontané, j'ai touché son cœur. Avant de partir, elle m'invite à me joindre à la prière de la communauté, au premier étage du mouroir. C'est le *Veni creator* que l'on chante à mon arrivée, un chant qui revêt une signification particulière pour moi,

1. « Vous avez une belle âme. »

puisqu'il s'agit d'une invocation adressée à l'Esprit saint.

Cette scène, je la raconterai bien sûr au président, le surlendemain, lorsqu'au cours du vol de retour vers Paris, il me fera venir quelques instants dans sa cabine pour me demander de lui en faire le récit.

Mais cette journée du 2 février réserve encore son lot de surprises. D'abord, la remise de la Légion d'honneur à Satyajit Ray, écrivain bengali et producteur de films, réalisateur du célèbre film *Le Salon de musique*, adapté d'un conte indien. Je me trouve dans la foule et j'écoute la superbe traduction que Christopher fait du discours de François Mitterrand. Je retiens quelques mots, l'hommage rendu à cette « somptueuse méditation sur l'inéluctabilité de la mort », à travers le portrait complexe et ambigu d'un aristocrate ruiné, totalement épris de musique classique traditionnelle.

Tout de suite après cet émouvant moment, nous allons en vivre un plus bouleversant encore. Un moment privé, loin des caméras et des journalistes. François Mitterrand a demandé à rencontrer les gens de la « Cité de la joie ».

Il faut rappeler ici qu'il s'était rendu dans ce bidonville de Calcutta dans les années 1975.

François Mitterrand, alors secrétaire du Parti socialiste, s'était intéressé à la communauté du Prado, à Lyon. Une communauté de prêtres ayant fait vœu de pauvreté, engagés auprès des plus démunis. Il y avait rencontré un être dont le charisme l'avait immédiatement impressionné, Gaston Grandjean. Aussi, lorsque Gaston est parti s'installer à Calcutta, au milieu des plus pauvres des pauvres, François Mitterrand a décidé de lui rendre visite. « Je partageais sa chambre, me raconte le président, et le matin, Gaston me mettait un flacon d'éther, une boîte de coton dans les mains, et m'emmenait faire la tournée des malades. Je ne supportais pas cette odeur et j'ai failli m'évanouir plusieurs fois. Mais j'ai tenu bon, et j'ai vu des choses qui m'ont marqué à vie. Cette joie intérieure dans les regards, alors que tout manque sur le plan matériel ! »

*

Ce soir-là, le 3 février 1989, le président n'a pas pu revenir dans la Cité de la joie. Pour des raisons de sécurité. Il a fallu organiser la rencontre qu'il souhaitait avec ses compagnons du bidonville dans une école de Calcutta. C'est là qu'à 18 heures, accompagné de quelques-uns, dont le couple Lapierre, Christopher et moi,

François Mitterrand se rend à ce rendez-vous privé, à l'écart des caméras et des journalistes, un rendez-vous dicté par la fidélité et l'amitié. Car il s'était fait des amis, pendant les deux semaines qu'il avait passées là, modestement, aux côtés du père Gaston. Il me suffit de les voir se prendre dans les bras, avec chaleur, avec sincérité, pour tout comprendre.

C'est une image forte que je ne peux oublier : ce président d'habitude si froid, si retenu, si maîtrisé, qui tout à coup oublie sa fonction et se prête à de chaleureuses embrassades. La joie des regards est sincère. On évoque le passé, on se donne des nouvelles. J'ai, à cet instant, la preuve d'une qualité que j'ai souvent perçue, de façon fugitive, parce que tenue au secret, la sensibilité extrême, l'empathie, la compassion dont François Mitterrand est capable.

*

C'est une véritable effervescence dans l'unité. L'équipe a appris ce matin, 7 mars 1989, que le président de la République vient lui rendre visite à 11 heures. Le secret a été bien gardé ! François Mitterrand m'a appelée la veille pour me l'annoncer et m'a dit qu'il désirait qu'aucun journaliste ne soit présent. Il considère que c'est une visite privée, informelle.

Le chef de service a prévu une rencontre dans le grand salon de l'unité avec l'ensemble de l'équipe, puis une visite des locaux et de quelques malades. Dans cette perspective, il me demande, dès mon arrivée, de faire le tour des chambres, afin d'informer les malades et de demander qui accepterait de recevoir la visite du président.

*

À 11 heures, le président franchit la porte à double battant du service, accompagné d'Alain Le Caro, chargé de sa sécurité, de Béatrice Marre, chef de cabinet, de Georgina Dufoix, du docteur Gubler, qui a joué un rôle important dans la création de notre service pilote. Je remarque que François Mitterrand est impressionné par l'architecture du lieu qui évoque le calme des cloîtres. Il marque un temps d'arrêt, puis serre les mains nombreuses de tous ceux qui travaillent avec moi, médecins, infirmières, aides-soignants, bénévoles. Nous sommes tous très émus et honorés.

Il écoute la courte présentation que le docteur Abiven lui fait du service, et dit qu'il est venu apprendre de nous. C'est donc avec beaucoup de simplicité et d'humanité qu'il interroge les uns et les autres. On évoque le retard de la France dans le traitement de la douleur, le manque de formation des médecins, le déni de la mort à l'hôpital.

Tandis que nous nous dirigeons vers la première chambre, le président me glisse à l'oreille combien il est impressionné par l'énergie et la passion qui se dégagent des infirmières. La première patiente qui a tenu à rencontrer François Mitterrand est Danièle, une jeune femme atteinte de la maladie de Charcot[1], qui ne s'exprime plus que par des battements de paupières.

« Je suis venu, madame… », commence-t-il – et je note l'intonation si respectueuse de ce « madame » –, « me rendre compte de ce qui se fait dans ce service où l'on vous soigne. » Son regard se pose sur les nombreuses pancartes qui tapissent le mur au-dessus de son lit, et qui répertorient les questions relatives au confort de la jeune femme. Le président s'informe pour savoir si nous comprenons toujours ce qui ne va pas, lorsque Danièle appelle. Il semble avoir deviné sa solitude et, lorsqu'il pose sa main sur celle de Danièle, en la tapotant doucement, lorsqu'il lui dit « courage ! », je perçois ce que j'avais déjà senti en Inde, avec les gens de la Cité de la joie : les qualités de cœur du président.

1. La maladie de Charcot est une atteinte neurodégénérative qui paralyse tout le corps et conduit à la mort.

Nous visitons encore deux autres malades, et le président me souffle, en les quittant : « Mais ces hommes sont-ils vraiment mourants ? » Lorsque je lui rappelle que la moyenne de séjour ici est de trois semaines, il s'étonne : « Un mourant peut-il vivre ses derniers jours calmement étendu dans son lit, sans douleurs ? »

Je suis contente que le président ait pu se rendre compte par lui-même de ce qui est possible dans une unité de soins palliatifs. Alors que je le raccompagne à l'ascenseur, il ajoute encore : « Quelle lumière sur les visages ! »

De retour dans la chambre de Danièle, je constate qu'elle a eu le temps de taper sur l'ordinateur auquel son doigt est relié ces quelques mots pleins d'humour à propos du président : « J'avais envie de lui dire : ça n'est pas si grave ! »

La jeune femme mourante avait perçu sur le visage du chef de l'État une inquiétude non feinte à son encontre.

Lorsque j'ai rapporté cela à François Mitterrand, je l'ai senti un peu désemparé.

*

J'écris au président depuis mon ermitage du Gard. Je sais son amour pour les chênes. Il m'a parlé de ce chêne mythique du mont Beuvray que nous connaissons lui et moi, mais aussi de ce vieux chêne appelé « *whiteleaved oak* », en Angleterre, et qui semble cacher un secret dans son feuillage. Il m'a décrit son tronc creux et tortueux qui serait doté de pouvoirs singuliers, notamment celui de permettre à ses visiteurs de retrouver leur âme d'enfant.

J'écris donc, assise au pied d'un vieux chêne qui a poussé, dirait-on, au chevet de ma maison :

Il est midi maintenant. Il y a ici un vieux chêne qui ouvre trois bras magnifiques à moins d'un mètre du sol. Il n'y a pas de siège plus inspirant. Je viens souvent m'y asseoir. Les paysans du coin disent qu'il suffit de faire corps avec le tronc d'un chêne, ou de l'enlacer, pour qu'il vous communique sa force. C'est une chose que je sens bien, assise au creux de cet arbre. J'aime imaginer que des forces invisibles l'affectionnent et l'entourent. Les druides savaient ce genre de choses, non ? Un jour, j'ai fait le pari de l'existence d'un monde de l'Esprit. Depuis ce jour, il s'est instauré, timidement d'abord, et puis de plus en plus, une sorte de dialogue secret entre cet invisible et moi. Je suis persuadée que l'esprit désire la matière et n'a de cesse d'éveiller en elle une réciprocité amoureuse. Que vous en ayez conscience ou non, je sais que l'Esprit travaille avec vous. Avec le pouvoir qui vous est confié, et les responsabilités qui sont les vôtres, il ne peut en être autrement.

*

J'ai pris l'habitude maintenant de confier à Christopher les lettres que j'écris à François Mitterrand, afin qu'il les lui remette en mains propres. Ce n'est pas très protocolaire, mais mon compagnon s'acquitte avec grâce de son rôle de facteur.

Sa fonction d'interprète officiel attaché à la présidence de la République lui donne en ce moment l'occasion presque quotidienne d'être aux côtés du président.

Ce jour-là, me raconte-t-il, François Mitterrand a empoché ma lettre, en disant sur un ton léger : « Alors ? Vous allez vous marier ? »

Christopher lui a répondu du tac au tac, mais avec toute la déférence possible : « Monsieur le Président, c'est un des nombreux bienfaits que je vous dois. »

François Mitterrand a semblé légèrement ébranlé.

*

Au déjeuner suivant, il n'a pas été question de mon mariage avec Christopher. Nous avons parlé des arbres.

« Ta lettre m'a touché, commence François Mitterrand. En la lisant, j'ai pensé à cette expression que tu connais peut-être, la *mise à l'arbre*. C'est exactement ce que tu m'écris. » Je note le retour surprenant du tutoiement. Le ton est presque joyeux. Oui, parler des arbres semble redonner de l'énergie au président, qui évoque ses promenades solitaires dans la forêt qui entoure sa maison de Latche. « L'arbre est une antenne entre les énergies telluriques et cosmiques. Je reviens euphorique, plein d'énergie, et j'ai presque le sentiment d'être nettoyé de l'intérieur. C'est curieux, non ? Je me souviens d'avoir lu quelque part que les ions négatifs émis par la pointe des aiguilles de pin y sont pour quelque chose. » Puis il poursuit : « Tu sais que l'arbre est une usine d'épuration très efficace. Il stocke le CO_2, les polluants atmosphériques, les oxydes de soufre et d'azote. Quand je pense que l'on n'arrête pas de déboiser, et qu'on coupe deux mille arbres par minute ! »

*

Ce 17 octobre 1990 se tient à Paris le premier congrès européen des soins palliatifs, en présence du président de la République et de la duchesse de Kent.

En montant à la tribune, François Mitterrand m'adresse un tout petit signe de tête, me signalant qu'il m'a aperçue au premier rang.

Il tient à préciser d'emblée qu'il a tout de suite accepté de venir, car « je vous connais ou plutôt je connais quelques-uns des vôtres ».

« Je suis venu comme témoin, pour que notre société soit désormais inspirée par la leçon et la philosophie des soins palliatifs et que, dans chaque foyer, on sache approcher la mort autrement. »

Le président insiste sur le fait qu'il n'est pas venu *parler*. Il se dit las de donner des leçons. Il est venu pour *écouter*.

« J'ai souhaité être parmi vous, mais j'ai refusé de *parler*. En effet, qu'avais-je à vous apprendre ? »

*

François Mitterrand a envie de marcher. Il m'a donné rendez-vous à 14 h 30 dans la cour de l'Élysée. Le voilà coiffé de sa drôle de casquette. Nous montons dans sa voiture, qui nous dépose peu après dans les rues de Paris. Il a besoin de ces échappées qui lui donnent sans doute une illusion de liberté. Je me souviens d'avoir commis une faute protocolaire. Je me suis engouffrée à l'arrière de la voiture par la porte de droite. Le président m'a fait remarquer que c'était sa place, mais il n'a pas voulu que je bouge.

« Que me racontez-vous aujourd'hui ? » demande-t-il dès que la voiture démarre.

J'ai dîné la veille avec un thanatologue célèbre, Louis Vincent Thomas. Aussi, je rapporte au président l'essentiel de notre conversation. Il a été question des NDE[1], des expériences de mort imminente. François Mitterrand a entendu parler de ces témoignages de personnes qui prétendent être mortes et sont revenues dans leur corps après avoir vécu une expérience étonnante : décorporation, sensation de flotter au-dessus de leur corps, traversée d'un long tunnel qui débouche sur une lumière blanche, rencontre sur le chemin de proches disparus, contact avec une entité transcendante, puis retour imposé dans leur corps. Les personnes témoignent du fait qu'elles n'ont plus peur de la mort. Elles ont l'impression d'avoir eu un aperçu de l'au-delà. Un au-delà dans lequel elles

1. NDE : Near Death Experience.

se sentaient si bien que le retour dans leur corps leur a paru pénible et douloureux.

Louis Vincent Thomas m'a fait remarquer que ces expériences, qui ont toujours existé – Platon les a décrites, m'assure-t-il –, constituent un mythe moderne de l'au-delà. François Mitterrand, qui m'écoute avec attention, souligne que rien ne prouve qu'il s'agisse de la mort, car de celle-ci personne n'est jamais revenu. « Vous avez raison, mon cher président, mais le professeur Thomas m'a fait remarquer que ces sorties du corps, à l'occasion d'un coma ou d'une anesthésie, gardent encore tout leur mystère, notamment en ce qui concerne le siège de la conscience. — Vous devriez raconter ces histoires à vos mourants, Marie, cela les apaiserait. »

*

« Que lisez-vous en ce moment, chère madame ? » De temps en temps, il m'appelle ainsi, et j'aime toujours l'intonation particulière de sa voix qui appuie sur le « chère ».

Je lis *La Nuit privée d'étoiles* de Thomas Merton, ce moine franco-américain, très écouté dans les milieux pacifistes de la gauche américaine. Comme Charles de Foucauld, c'est après une jeunesse agitée et dissolue qu'il s'est converti à l'âge de 23 ans au christianisme.

François Mitterrand me l'a confié à de multiples reprises, il est particulièrement sensible à la conversion de ces hommes qui ont mené une vie débridée. Il y voit la preuve du potentiel inouï de transformation de l'être humain. Et de son aspiration à l'absolu.

*

Nous sommes en 1992. L'épidémie du sida se propage. Une amie médecin se voit confier la direction d'une unité de soins sida à l'hôpital du Bon-Secours à Paris. Elle me demande d'en devenir la psychologue. Je décide alors d'assumer deux mi-temps, l'un à l'unité des soins palliatifs de l'hôpital universitaire, et l'autre dans ce petit service consacré aux malades du sida, des jeunes en majorité, n'ayant pour la plupart que peu d'années à vivre. La maladie est, à cette époque, mortelle ; les tri-thérapies n'ont pas encore été découvertes.

François Mitterrand se tient informé de mon action dans ce domaine. La spécificité de cette maladie, qu'on ne peut guérir et qui oblige les médecins à « dire la vérité » à leurs malades, attire son attention. Je confirme que cela change la relation médecin-malade. Se sachant condamnés par la médecine, ces jeunes sidéens, à qui on ne peut pas raconter d'histoires, sont d'une exigence sans concessions. « Ils font évoluer les médecins, c'est bien », remarque le président.

Je viens de créer une association qui porte le nom d'un de mes amis mort du sida, l'association Bernard-Dutant. Non confessionnelle, cette association regroupe des volontaires qui accompagnent des personnes atteintes par le VIH désireuses de faire une retraite dans le désert. Pourquoi le choix du désert ? Parce que c'est là que Dieu parle au cœur de l'homme. Dans l'immensité, le silence, chacun reçoit la réponse que son cœur attend.

« Vous êtes audacieuse, et si l'un d'entre eux mourait, à des heures de piste du premier hôpital ? » demande le président.

J'ai réfléchi à cela, bien sûr ! Je prends un risque, c'est certain, mais je l'assume consciemment. Quand ils s'inscrivent pour ce voyage, c'est en connaissance de cause. N'est-ce pas une façon de rester digne jusqu'au bout ?

« Comment notre association peut-elle aider des personnes à rester debout, à continuer à avancer dans la vie avec une épée de Damoclès sur la tête si nous, les bien-portants, faisons preuve de frilosité, si nous ne voulons pas prendre de risques ? »

J'explique au président, qui m'écoute avec une attention soutenue, que je suis convaincue qu'un malade qui veut faire l'expérience du désert donnera un ordre intime à son organisme pour qu'il se tienne tranquille le temps de l'expérience. Et d'ailleurs, les quelques voyages que nous avons entrepris m'ont donné raison. Nous n'avons jamais eu de problèmes. J'emmène toujours avec moi un médecin, mais lui comme moi savons parfaitement que nous ne pourrons rien si l'état d'un de nos voyageurs se détériorait tout à coup. Nous faisons confiance.

La rechute

En 1992, François Mitterrand rechute. Son opération à l'hôpital Cochin marque l'annonce publique, officielle de sa maladie. Au retour de l'hôpital, je reviens sur la scène de sa vie, pour trois ans de longues conversations sur les questions métaphysiques et spirituelles qui l'occupent. Puis, la mort approchant, il me demande de l'accompagner et de l'aider à se préparer à mourir.

Pressent-il que sa santé se dégrade ?

Je suis très étonnée de son appel en ce mois de juillet 1992. Le président m'annonce qu'il part pour rendre visite à sa sœur aînée à Joyeuse et qu'il aimerait que mon mari et moi venions déjeuner chez elle, avec lui. « J'irai volontiers ensuite voir votre ruine et surtout votre pierre celte », ajoute-t-il.

Nous convenons de la date, ce sera le 30 juillet.

Christopher et moi parcourons donc, en 4L, les trente kilomètres qui séparent mon ermitage dans le Gard de la maison de la sœur du président. Je me souviens d'un déjeuner plantureux avec des cèpes, ces champignons dont François Mitterrand raffole. La conversation tourne autour des façons de cuire les cèpes, puis tout à coup le président évoque la mort récente de Véronique Mourousi, qui semble l'attrister particulièrement.

Je connais bien désormais cette face un peu cachée du président. Cette grande sensibilité qu'il essaie de maîtriser derrière un masque impassible et froid. Je le sens affecté. Sa sœur, comme pour le tirer d'embarras, lance un sujet qui n'a rien à voir, et que j'ai depuis oublié.

Au moment du café, François Mitterrand annonce, comme si l'idée venait de le traverser, qu'il passera par Fangalas pour découvrir cette fameuse pierre celte dont je lui parle depuis si longtemps. Tous les convives du déjeuner se disent curieux, et décident de nous suivre. Le président me propose de partager sa voiture. À mi-voix, à l'arrière de la R25, il me confie qu'il est fatigué et ne va pas très bien. Puis il ferme les yeux, prend ma main dans la sienne, et la garde tout au long du chemin. En un geste, il a su retrouver le contact intime et silencieux qui était si souvent notre manière d'être ensemble.

Difficile pour la R25 blindée de monter le chemin en terre étroit qui mène du village de Rivières à ma petite maison perdue dans les bois.

Le chauffeur et le garde du corps restent dans la voiture, tandis que François Mitterrand et moi descendons les marches en pierre qui mènent au point de vue magique qui se déploie au seuil de la maison. Le président, soudain immobile, reste cinq minutes en silence – cela me paraît une éternité –, contemplant la vue très particulière du cirque qui s'étend devant nous, parcouru de courbes entrelacées des collines couvertes d'un épais tissu de chênes verts. Il semble surtout goûter la qualité du silence, l'énergie du lieu. « Quel endroit ! dit-il seulement. Faites-moi visiter ! » Le tour est vite fait, car la maison est toute petite, mais son charme est d'être encadrée de chênes et de disposer de cette terrasse qui surplombe le champ dans lequel se détache ma petite pierre levée. Une vraie pierre celte, répertoriée d'après les spécialistes comme l'avant-dernier menhir de la chaîne d'Irlande. Peu de gens savent que les Celtes se sont aventurés jusqu'aux confins des Cévennes. La garrigue alentour est d'ailleurs truffée de mégalithes et de dolmens. Le plus élevé se situe à Malataverne, près de Lussan, et mesure au moins trois mètres de haut. Le mien, en revanche, est d'une taille plus modeste et il a la forme triangulaire d'un visage couvert d'un voile. C'est une pierre cachée, intime, secrète. « Allons sentir son énergie », me lance le président. Je nous vois descendant le champ et je n'oublierai jamais la manière dont François Mitterrand a posé ses mains sur la pierre, les yeux fermés, le visage concentré, comme s'il se rechargeait en effet à ce que les Celtes considéraient sans doute comme des bornes d'énergie, des antennes reliant les énergies telluriques et cosmiques.

« Vous savez ce que je pense : les hommes politiques devraient passer plus de temps en silence dans les lieux chargés d'énergie. Ils devraient toucher les dolmens, les pierres levées, cela leur communiquerait une solidité tranquille. »

Nous remontons le champ. Le président a remarqué les deux fenêtres triangulaires que j'ai fait percer sur chaque pignon de la maison. Pour empêcher les cambriolages éventuels, j'ai demandé à un ferronnier de forger un motif décoratif au centre des triangles. Nous avons opté pour un cercle et une étoile. « Vous n'êtes pas franc-maçonne, Marie, que je sache ?

— Non ! J'ai fait cela intuitivement ! Peut-être l'ai-je été dans une autre vie ! Vous n'êtes pas la première personne à me poser la question !

— Vous savez, les gens croient que je le suis ! Ils se trompent. J'ai beaucoup d'amis dans la franc-maçonnerie, mais je ne suis pas franc-maçon. »

Je me souviens aussi de la conversation que nous avons eue plus tard dans la soirée, dans ma chambre, tout en haut de la maison. Je lisais à l'époque le livre de Jean Guitton sur cette jeune femme mystique, Marthe Robin, qui, allongée depuis des années, se nourrissait seulement de l'eucharistie, et avait créé plusieurs foyers de charité en France. « C'est étonnant, n'est-ce pas ? » commente le président, alors que je lui confirme que bien des médecins et des psychiatres ont étudié ce cas, et n'ont pas d'explications. Mystère des forces de l'esprit !

Rêveur, il regagne sa voiture garée derrière la maison. Juste avant de monter, il se tourne vers moi : « Je ne vais pas bien. Mon cancer s'est réveillé. Venez me voir après l'été. »

*

C'est après l'été, en effet, que j'apprends qu'il est hospitalisé à Cochin. On ne parle plus que de cela. Le président a un cancer ! C'est l'automne des révélations. Après le cancer, c'est la révélation de l'existence de Mazarine qui fait la une des journaux.

De retour à l'Élysée, il me demande de venir le voir. « J'aurai bientôt besoin de vos soins palliatifs ! » me dit-il au téléphone.

Ce n'est pas sans émotion que je refais le trajet tant de fois emprunté ces dernières années : la loge, la cour d'honneur, l'escalier menant aux appartements privés, l'attente dans l'antichambre que j'appelle son « cabinet noir ». Tout est silencieux.

L'huissier me fait pénétrer dans la chambre. Rien n'a changé, sauf peut-être le Matisse, qui a été remplacé, et un léger désordre. Je remarque le caillou en forme de cœur que je lui avais offert pour son anniversaire, des années plus tôt, toujours à la même place. Je l'avais ramassé sur une plage de Vendée, un jour de tempête, alors que j'avais le cœur triste. La découverte de ce caillou avait été comme un signe d'encouragement. J'avais tenu à le donner à François Mitterrand en témoignage de ma foi dans la vie.

Il est donc toujours là, à côté de ce bout de papier sur lequel est manuscrite une courte prière, celle qu'il dit quotidiennement dans le secret de son cœur :

Esprit du Dieu Vivant, tu souffles en nous une brise légère, fraîcheur de l'âme, pour reprendre à chaque jour la marche de l'ombre vers la clarté de ta présence.

Au moment où j'arrive entre le docteur Tarot, que le président me présente. Quand nous nous retrouvons seuls, je m'étonne. François Mitterrand me dit simplement qu'il a fait venir près de lui un anesthésiste qui a permis à son ami Jean Riboud de mourir sans souffrir. Il lui a donc demandé de veiller à son traitement de la douleur.

« Le processus est enclenché… Je sais que je vais en mourir. » Sa voix est calme, son regard clair. « Vous savez bien que je n'ai pas peur de la mort, je n'ai pas d'angoisses métaphysiques, ce n'est pas à ce niveau-là que ça se passe. J'ai la crainte que la douleur me domine. Je dors mal, mes nuits sont difficiles. Vous comprenez ? Je ne veux pas souffrir. Je ne veux pas non plus perdre la tête. Ce sont mes deux exigences. Je fais confiance à Tarot, il saura les respecter. C'est bien ce que vous faites dans votre service de soins palliatifs, non ? En tout cas, c'est ce que j'ai constaté lorsque je suis venu vous rendre visite. Vous vous souvenez ? Pas un de vos mourants n'avait l'air de souffrir ! J'espère de toutes mes forces garder ce calme et cette maîtrise jusqu'au bout !

— En êtes-vous vraiment là ? ai-je demandé.

— Qu'on ne me raconte pas d'histoires, je le sens. »

C'est sans appel. Il n'y a qu'à prendre acte de ce qu'il dit.

*

Les mois passent, et je viens de temps en temps rendre visite au président, bien affaibli, qui me reçoit désormais toujours dans sa chambre. « Combien de temps me reste-t-il à vivre ? » Je le rabroue : « Vous n'allez tout de même pas mourir avant de mourir ?

— Vous avez raison, il faut que j'aille jusqu'au bout de mon mandat ! Vous allez m'y aider, non ? »

« Croyez-vous que mon âme s'en tirera ? » me demande-t-il, presque avec embarras, comme il le fait parfois quand il me confie quelque chose de très intime. Je pense immédiatement à Yvonne Mitterrand et au don qu'elle a fait de sa souffrance « pour l'âme de François ».

« Gardez-la vivante jusqu'au bout ! lui ai-je murmuré en l'embrassant sur le front, et vous aurez sans doute une surprise. »

Un jour, je lui apporte un extrait d'une lettre qu'Albert Cohen a adressée en mai 1981 au *Nouvel Observateur* :

Je vous ai répondu que j'ai quatre-vingt-cinq ans et que je vais mourir bientôt, dans deux ans ou dans un an ou le mois prochain. Mais je suis heureux d'aimer ma femme en ma vieillesse et d'être aimé par elle en ma vieillesse, et que seul cet amour donné et reçu m'importe, seul m'importe car je vais mourir bientôt, car je vais connaître l'agonie, dame d'honneur de ma mort et disparition. Oui, être aimé et aimer à quatre-vingt-cinq ans et rire de bonheur alors que je sais que je vais mourir est ma seule réponse à votre lettre. Tout le reste est poussière soulevée par le vent.

Je sens le président ému par cette lecture. Puis il me fait cette étrange confidence :

« Dans une vie menée par l'ambition, l'amour ne peut être qu'une pause, une bénédiction passagère. Car il faut bien repartir, continuer l'ascension. L'amour ne peut pas être un but en soi, ni même un vecteur. » Puis il ajoute : « J'éprouve de la curiosité et une certaine nostalgie devant des personnes qui, comme vous, font de l'amour l'essentiel de leur vie. Je suis mené par autre chose. »

*

François Mitterrand réclame le récit de mon quotidien, au chevet des autres malades. Il m'écoute toujours en silence. Entendre l'expérience des autres semble l'aider ou, du moins, apaiser une forme d'angoisse.

« C'est étrange, lui dis-je, j'assiste à une sorte de rabotage de l'ego. Toutes ces pertes auxquelles les gens sont confrontés finissent par les rendre transparents à l'extrême. Je ne parle pas de la transparence de la peau, qui impressionne tellement, mais de cette transparence à soi-même et aux autres, qui force le respect. On pense aux coquillages polis par le ressac et les vagues, et qui laissent passer la lumière. C'est ce polissage du Moi, du cœur, qui me bouleverse chez les mourants que j'accompagne. Savez-vous que, chez les soufis, on dit que la tâche de l'être humain est de polir son cœur pour qu'il devienne un miroir dans lequel le divin peut se refléter ? »

Puis vient une question qui le taraude : est-ce que les croyants meurent mieux que les autres, plus apaisés ? « Non, pas forcément, lui dis-je. J'ai accompagné deux prêtres, tous les deux très angoissés et tourmentés, incapables de prier et de s'abandonner. Mais, en revanche, il y a peu de temps, j'étais au chevet d'une femme qui se disait athée, mais "curieuse de la suite". J'ai trouvé la formule intéressante. Au fond, cette femme avait confiance dans le déroulement des choses, n'est-ce pas une forme de foi ? »

François Mitterrand le sait, car j'ai souvent eu l'occasion de le lui dire, ce n'est pas la foi, mais l'épaisseur de vie que l'on a derrière soi qui permet de s'abandonner sereinement à la mort.

*

Quelques mois plus tard, lors d'une de mes visites, j'annonce à François Mitterrand que je pars suivre un stage de chant contemplatif avec Iégor Reznikoff, dans le désert marocain. Comme il se montre intrigué, je lui parle longuement de ce musicien d'origine russe, spécialiste des harmoniques, et qui travaille sur des morceaux du VIIIe siècle. Le chant pré-grégorien est pour lui la façon la plus spirituelle de mettre tout son corps au diapason de Dieu.

« Comment l'avez-vous rencontré ? s'enquiert-il.

— Je l'ai entendu dans l'abbaye du Thoronet, et j'ai eu envie de chanter avec lui. Il m'a donné des cours. Savez-vous, ai-je rajouté, qu'il m'arrive de chanter au chevet de mes mourants ? J'ai remarqué que cela les apaise. Leur visage se décrispe. Reznikoff prétend que ces sons ont un pouvoir contemplatif. Ils "ouvrent les portes de l'âme dans le corps". »

François Mitterrand sourit. « Ah, vous et votre âme ! Vous avez cela de commun avec ma mère, vous êtes les deux seules femmes de mon entourage que j'aie entendues si souvent utiliser ce mot : l'âme ! Alors, vous partez dans le désert avec cet homme ?

— Je l'ai invité à m'accompagner pour enseigner ce chant aux sidéens que j'emmène avec moi. »

François Mitterrand se souvient de la conversation que nous avions eue lorsque j'ai créé mon association de soutien psychologique et spirituel pour les personnes atteintes du sida. « Vous prenez toujours le risque de les emmener au fin fond du désert ? Vous savez, je pense souvent à vous lorsque les médecins me freinent dans mes voyages. »

Je raconte au président que j'ai reçu une visite inhabituelle dans mon bureau, à l'hôpital. Un homme politique turc, de confession musulmane soufie, m'ayant vue à la télévision, sur la chaîne de la Suisse romande, alors que je témoignais de l'usage que je faisais parfois du chant contemplatif au chevet des mourants, a voulu absolument me rencontrer. Il m'apportait un enregistrement de la musique sur laquelle les derviches tourneurs pratiquent leur célèbre danse. Il était passionné par l'émission de télévision qui tentait de montrer qu'un certain type de musique a des effets apaisants, sinon anesthésiants sur la douleur.

« Il est venu d'Ankara pour vous dire cela ?

— Oui, ai-je répondu, et il m'a invitée à Konya, où se trouve le mausolée du célèbre poète mystique Rûmî[1], fondateur de l'ordre des derviches tourneurs, pour la célèbre cérémonie soufie qui a lieu tous les ans en décembre.

— Et que dit-il, ce Rûmî ? » demande François Mitterrand, dont l'intérêt pour les mystiques ne faiblit pas.

Je me souviens alors de ce vers du poète, qui dit à peu près ceci : *La vérité est un miroir tombé de la main de Dieu et qui s'est brisé. Chacun en ramasse un fragment et pense que toute la vérité s'y trouve.*

Le président sourit. Je sais qu'il adore tout ce qui montre la valeur relative de la vérité.

*

S'il me reçoit toujours dans sa chambre, car il y passe beaucoup de temps maintenant, le président n'en assume pas moins ses obligations. Christopher, qui l'accompagne souvent dans ses voyages, me le confirme. Il est fatigué, mais il est là quand il le faut, où il le faut.

Ce soir, nous sommes invités, Christopher et moi, au dîner donné par François Mitterrand en l'honneur de la reine Élisabeth d'Angleterre.

---

1. Pour en savoir plus sur Rûmî, lire Leili Anvar, *Rûmî*, Entrelacs, 2011, ou, de Rûmî, *Le Livre du dedans*, Albin Michel, 1997.

C'est une belle soirée de juin. Nous sommes à la table de Lady Di, à laquelle je me présente. Apprenant que je travaille en soins palliatifs, elle vient vers moi et me dit qu'elle rend visite, dans la discrétion la plus grande, aux sidéens du Light House. Un hôpital consacré à l'accueil des personnes atteintes par le VIH, à Londres. Lady Di parle la tête un peu penchée et sa voix est douce. Il émane de sa personne une vraie compassion.

Quand j'en parle au président quelques jours plus tard, il n'est pas étonné. Il a perçu la même chose chez cette princesse, quelque chose qui l'anime lui aussi, car il ne laisse jamais un ami ou une amie malade sans leur rendre visite.

« Quel est le ressort de cette compassion sans tapage ? Fait-on tout simplement pour les autres ce qu'on aimerait qu'ils fassent pour vous ? ai-je demandé.

— Je ne me suis jamais posé la question, répond le président, je le fais, c'est tout. Cela me paraît naturel. »

*

En juillet 1993, François Mitterrand revient me voir dans le Gard. Cette fois-ci, il est seul. Je le vois encore assis sur un des bancs devant ma modeste maison en pierres sèches, avec sa veste bleue, et Baltique qui lui lèche les mains. « Emmenez-moi méditer près de votre pierre. »

Nous sommes descendus dans le champ et nous nous sommes assis sur l'herbe, à côté de mon petit menhir. Un temps, j'ai envisagé de demander à mes enfants de m'enterrer là, au pied de cette pierre où je dis que « j'ai mon âme ». Puis j'ai renoncé, car j'ai pensé que ce serait un cadeau empoisonné pour eux. Comment vendre une maison dans laquelle sa mère est enterrée ?

« Je ne sais toujours pas où je reposerai, me révèle le président. Il m'arrive de penser au mont Beuvray, c'est un lieu qui a du sens pour le terrien que je suis. Retrouver les racines de la France ! Mais je pense aussi à Aubeterre. Cette église est la seule en France qui soit aussi un cimetière ! Ma grand-mère m'y emmenait quand j'étais enfant. Quelquefois, je me dis que j'aimerais bien que mon corps repose là… on verra ! Peut-être qu'au fond j'irai tout simplement dans le caveau familial, à Jarnac. Reposer près de ma mère aurait du sens aussi. »

Nous restons presque un quart d'heure en silence. Ce moment reste gravé dans ma mémoire. Car c'est bien à Jarnac qu'il sera enterré.

« C'est tout de même mystérieux, non, l'énergie que dégage votre pierre ? Vous savez comme je suis sensible à cela. » Puis j'aide le président à se relever, et nous remontons le champ.

*

Je me souviens d'une série de conversations sur la mort et l'au-delà, pendant ce que le président appelle « mes siestes ». Il est allongé, et je m'assois au bord du lit. En général, il m'interroge sur mes lectures.

Je viens de lire un texte du XVe siècle.

L'*Ars moriendi* met en scène le combat entre l'ange du doute et l'ange de la foi, le combat entre le désespoir et l'espérance, entre l'ange de l'attachement et celui du détachement, entre l'ange de la colère et celui de l'apaisement, entre l'orgueil et l'humilité.

François Mitterrand évoque à nouveau l'agonie de sa mère. Une agonie très chrétienne. Car ayant « offert » sa souffrance pour l'âme de son fils, n'ayant plus aucun espoir, elle était néanmoins dans l'espérance, et disait, comme sainte Thérèse de Lisieux : « Je suis sans appui et pourtant appuyée. »

Une agonie à la hauteur de cette sublime réplique de Bernanos dans les *Dialogues des carmélites* : « *On ne meurt pas chacun pour soi, mais les uns pour les autres, et parfois les uns à la place des autres.* »

Nous avons eu cette conversation sur la résurrection. « Qu'est-ce que c'est que cette histoire ? Vous y croyez, vous ? »

Je lui parle à nouveau du texte de Maurice Zundel que je lui ai donné peu après notre rencontre. Selon Zundel, la résurrection n'est pas une réanimation du corps physique appelé à devenir cadavre. Il nous appartient de *créer de notre vivant* notre corps spirituel, dont rien ne nous interdit de penser qu'il peut subsister, sous une forme impossible à imaginer, après la mort de notre corps biologique. Zundel postule que nous recevons à notre naissance un « quantum d'énergie » qu'il nous appartient de faire fructifier. Et si nous faisons fructifier nos dons, si nous élevons nos énergies à un autre niveau de conscience, nous créons notre corps d'éternité. Un magnifique programme, non ?

François Mitterrand, qui connaît bien les textes de saint Paul, cite ce passage de la première Épître aux Corinthiens : « Avec quel corps ressuscitent les morts ? Insensé, comprends qu'il y a différentes sortes de corps. Autre est le corps terrestre, autre est le corps céleste. »

Comme François Mitterrand m'avoue qu'il n'accroche pas du tout à la théorie de la réincarnation, je lui parle de *La Fantaisie des dieux*, le livre d'Alain Daniélou qui nous apprend que la doctrine de la réincarnation – en Inde – est tardive et populaire. C'est une doctrine qui résout la question de l'injustice, parce qu'elle donne sens aux événements les plus absurdes, qu'elle rend responsable de ses actes et aide l'homme à supporter la dureté de l'existence.

Mais, dans le védisme[1], il n'en est pas question. « Après ma mort, je vais là où j'ai toujours été, là où je suis », disait R. Maharshi, le grand sage de l'Inde. Le but de la vie humaine est l'*anastasis* : le passage à un autre niveau de conscience. « C'est pourquoi le védisme est si proche de la spiritualité chrétienne, ai-je rajouté, les deux spiritualités pensent que ce passage peut se faire de son vivant. On peut déjà *ressusciter de son vivant*, c'est-à-dire naître à sa dimension céleste. »

Le président m'a écoutée, l'air pensif. Très souvent, il m'écoute pensivement, mais ne réagit pas. On dirait qu'il intériorise ce que je lui dis et qu'il laisse cela travailler en lui.

---

1. Ensemble de textes sacrés de l'Inde antique (IIe millénaire avant J.-C.).

C'est alors moi qui poursuis : « Comme la mort est un mystère total, je me dis que la meilleure façon de s'y préparer est de vivre le plus consciemment possible. Que pouvons-nous faire d'autre ? »

*

Si nos conversations se portent le plus souvent sur la spiritualité, nos échanges volent parfois beaucoup moins haut.

« Je suis sur le flanc ! Je viens d'enregistrer une émission interminable avec Elkabbach. J'ai tenté de m'expliquer, mais je crois qu'il n'entend rien. »

Le président est installé dans son lit, calé contre des tas d'oreillers, le teint hâve. Je le vois faire un geste qui me bouleverse. Il prend sa tête dans les mains et sur un ton de lassitude extrême, mais dans lequel je sens pointer de la colère :

« Ils ne comprennent rien, avec l'amitié qu'ils me prêtent pour Bousquet ! Est-ce qu'ils savent ce que représente l'amitié pour moi ? C'est quelque chose de sacré et que je ne donne pas à n'importe qui. Est-on ami d'un type qu'on croise une dizaine de fois dans sa vie, et qui s'est invité un jour à votre table ? »

Puis, me regardant intensément : « Mes *vrais* amis – et François Mitterrand appuie sur le “vrai” –, je les compte sur les doigts d’une main. » Puis, les énumérant : « Rousselet, Badinter, Salzmann, Roger Pelat et Jean Riboud ! Voilà, c’est tout ! Beaucoup se targuent abusivement de mon amitié, quand ils ne sont que des relations. Qu’on cesse de me bassiner avec ma prétendue amitié pour Bousquet ! »

*

« Ce Jean Guitton, quel vantard ! Il vient de se répandre dans les colonnes de *Match* à propos de la visite que je lui ai rendue, rue de Fleurus. » François Mitterrand fulmine : « Il raconte que nous avons eu un dialogue sur la mort et sur l’au-delà. Mais je n’ai fait que l’écouter. Je n’ai pas dit un mot !

« Je n’aime pas cette façon qu’il a de travestir ma pensée. Je ne lui ai jamais dit que j’étais athée. Je suis beaucoup trop complexe pour cela. En fait, il me fait jouer le rôle de l’athée de service, et cela ne me plaît pas du tout ! Cela sert sa dialectique, c’est tout ! »

Sa première visite à Guitton eut lieu dans la Creuse, dans les années 1980. Ils s’étaient enfermés dans la chapelle de la propriété du philosophe, qui lui avait fait un véritable cours de religion… « Il ne m'a pas convaincu, parce que c'est un cérébral, et toutes ses idées ne me touchent pas. »

Fin novembre, le président est revenu le voir. En fait, ce qui l'intéressait chez Guitton, c'était plus le peintre que l'homme de pensée. Mais, cette fois encore, Guitton lui a fait un cours, sur l'absurde et le mystère. « Et voilà qu'il laisse croire aux Français qu'il m'a instruit des fins dernières ! En fait, il sait que je vais mourir avant lui, ça le requinque ! »

*

Comme tant de Français, je suis devant mon écran de télévision ce 31 décembre 1994.

« *L'an prochain, ce sera mon successeur qui vous exprimera ses vœux. Là où je serai, je l'écouterai le cœur plein de reconnaissance pour le peuple français qui m'aura si longtemps confié son destin et plein d'espoir en vous.*

« *Je crois aux forces de l'esprit et je ne vous quitterai pas.* »

Je n'en reviens pas. Il a osé. Il a osé déclarer qu'il croyait aux forces de l'esprit ! Il a voulu partager sa foi si singulière et dire aux Français que le lien d'esprit qui unit un président à son peuple demeure, qu'il soit vivant ou mort.

*

Le 12 janvier, je reçois l'appel rituel de François Mitterrand. « Aujourd'hui est notre date ! N'est-ce pas ? » Le ton de sa voix est tellement affectueux. Cette manière qu'il a d'être fidèle m'émeut profondément.

Je lui parle de ses vœux, de l'impact qu'ils ont eu sur les gens. Je lui rapporte quelques propos impressionnés entendus autour de moi. On est frappé par la conviction de cette déclaration de foi, « je crois aux forces de l'esprit », par sa gratuité. Au fond, rien ne l'obligeait à dire cela. Cela force donc le respect. C'est un choix qu'il a fait, un message qu'il a voulu faire passer. Et le peuple français se sent finalement assez honoré.

« Et vous ? me demande-t-il. — Je suis fière de vous », ai-je répondu. Et il a ri.

« Venez me voir ! »

Je passe donc un après-midi, peu après. Il revient d'Assouan, où il a passé les fêtes de Noël. Il s'anime en me décrivant cette grande terrasse qui prolonge la suite qu'il occupe à l'hôtel Old Cataract.

« Vous savez, j'ai beaucoup médité. Pas un moment de la journée qui n'apporte son charme et son mystère. Ah ! la lenteur des felouques. Elles fendent l'eau du Nil, légères et silencieuses. Vous connaissez cette expression de Stefan Zweig : “les heures étoilées” ? C'est ce que j'éprouve là. Je me sens hors du temps. C'est peut-être cela, l'éternité ? Et puis, quand le soleil se couche, les eaux du Nil se couvrent de reflets dorés, et quand le soir tombe, il y a un moment où les reflets virent à l'argent et le calme qui tombe sur la terre est impressionnant. Il me semble que si je pouvais mourir là, avec ce sentiment en moi, tout serait bien. »

Puis il me parle du *Livre des morts* des anciens Égyptiens et avoue une sorte de fascination pour la force de cette croyance en l'au-delà, tellement présente dans toute la culture égyptienne.

« Vous vous rendez compte, ils ont tapissé l'intérieur des cercueils de pictogrammes et de rouleaux de papyrus illustrant le *Livre des morts*. Pourquoi ? Pour que le mort ait la connaissance sacrée qui lui permette d'obtenir la vie éternelle. »

Et François Mitterrand de me décrire le fameux chemin vers l'au-delà : la carte du passage, les lieux où se rendre, les êtres divins qui serviraient de guide, les mauvais esprits dont il faudra se détourner, les rites de passage, comme la balance du jugement.

Le président n'a pas de mots trop élogieux pour qualifier la mystique égyptienne, « source, me dit-il, de toute la symbolique judéo-chrétienne de la mort comme passage vers un au-delà lumineux. Tout est déjà là, 6 000 ans avant Jésus-Christ, la notion d'âme, le jugement dernier, le purgatoire, l'enfer des flammes ou de la gueule dévorante des crocodiles, le paradis d'Éden ».

Lui qui me semblait si fatigué tout à l'heure, je suis surprise de ce regain d'énergie alors qu'il évoque la filiation chrétienne de l'Égypte.

Je l'écoute, puis me permets juste de lui faire remarquer que le rituel orthodoxe de la dormition, sorte d'extrême-onction pratiquée par les Pères du désert, semble une reprise du rite d'embaumement des momies : le prêtre touche avec de l'huile consacrée la bouche, les yeux, les oreilles, les narines du mourant, comme pour « ouvrir les portes de l'âme dans le corps ».

« Vous savez, m'interrompt le président, en Égypte, j'ai pensé à vous. Il y a une représentation du dieu Ra qui semble imposer les mains sur le corps d'Osiris pour le réanimer. J'ai pensé à vous. J'ai pensé à nos conversations à propos du corps spirituel dont parle Maurice Zundel.

— C'est curieux, tout de même, qu'une civilisation aussi ancienne ait eu l'intuition d'un corps d'énergie.

— Quel mystère tout de même, tout ça ! Tiens, vous savez comment ils appelaient le masque qu'ils posaient sur le visage du mort ? La "tête du mystère". Intéressant, n'est-ce pas ? »

Je raconte alors au président, pelotonné dans son lit, ce qui m'est arrivé il y a quelques semaines : j'étais au chevet d'une femme de mon âge, atteinte d'un cancer très avancé dont elle allait bientôt mourir. Soudain, elle a posé son regard sur la « croix de vie égyptienne » que je porte toujours au cou et qui se balançait au niveau de son visage, alors que j'essayais de la remonter sur ses oreillers. Elle m'a demandé ce que signifiait ce bijou. « On l'appelle "croix de vie" ou "clé d'Isis", ai-je répondu, c'est le symbole de la vie plus forte que la mort. » Comme elle semblait avide d'en savoir plus, je lui ai raconté l'assassinat d'Osiris par son frère Seth, jaloux. Les quatorze morceaux de son corps dépecé, éparpillés, que sa femme Isis essaie de rassembler, puis de ramener à la vie. C'est une préfiguration de la résurrection.

« C'est pourquoi, ai-je rajouté, Isis est représentée sur les stèles des temples et des tombes égyptiennes serrant une clé à la main, qu'on appelle la clé d'Isis, symbole de la foi du peuple égyptien dans la capacité de traverser le royaume des ombres pour renaître à la lumière. »

À peine avais-je prononcé ces mots, que la jeune femme saisit mon bijou de ses deux mains, le serrant si fort que c'en était poignant !

« Imaginez, poursuivis-je, l'énergie avec laquelle cette femme au visage si maigre, proche de la mort, s'accrochait à ma petite *croix de vie* !

— Qu'avez-vous fait ? interroge le président.

— Je n'ai pas pu faire autrement. Je l'ai détachée de mon cou et je l'ai accrochée au sien. C'était la première fois que je m'en séparais. Elle l'a gardée jusqu'à sa mort, quelques jours plus tard, et je l'ai récupérée ensuite. »

*

Une confidence, en ce début d'année 1995, alors que je suis passée le voir en fin d'après-midi. Il me reçoit à nouveau dans son bureau, et il ne semble pas souffrir.

« J'ai quantité de sensations qui reviennent que j'avais totalement oubliées. Et cela me procure une joie particulière. J'ai l'impression que ces souvenirs me rendent mon entièreté : il y a une coïncidence entre celui que j'ai été et celui que je suis aujourd'hui. Drôle de coïncidence des temps... Proust parle de “moi extratemporel”. Serais-je en train de faire l’expérience de mon *être éternel* ? »

Je suis toujours étonnée par cette capacité qu’a le président de s’extraire de son quotidien affairé pour me livrer un peu de son intériorité.

*

Quelques jours plus tard, je reviens avec le manuscrit de *La Mort intime* sous le bras. C’est un texte que j’ai écrit en deux fois, une première partie en juin, et l’autre fin décembre. Le texte est venu tout seul, comme si je le portais en moi depuis longtemps.

François Mitterrand est dans son lit.

« Je viens vous apporter mon livre. J’aimerais que vous le lisiez, et si possible que vous me donniez une préface.

— Pourquoi voulez-vous que je vous le préface ? Je n’ai rien à dire sur ce sujet ! »

Je m’assois et je lui expose les trois raisons pour lesquelles j’aimerais qu’il le fasse.

« D’abord, je ne suis pas d’accord avec vous. Vous avez des choses à dire sur la mort et l’approche de la mort. Et mon livre peut être le lieu pour les dire. Et puis, tout ce que je raconte, vous y êtes étroitement associé, puisque c’est vous qui m’avez mis le pied à l’étrier des soins palliatifs. C'est vous qui m'avez lancée dans cette histoire !

« Deuxièmement, en écrivant une préface, vous aiderez mon livre. J'ai écrit sur un sujet qui rebute et fait peur à tout le monde. Pour que les gens le lisent, il faudrait que vous les incitiez à le faire. Et je suis sûre que vous le ferez très bien.

« Enfin, j'en ai assez de voir sur les rayons des librairies de gare votre nom associé à des livres de piètre qualité, comme ceux de Montaldo. Vous méritez d'être associé à un livre sérieux ! »

J'ai dit cette dernière phrase en riant, et le président a éclaté de rire.

François Mitterrand a pris mon manuscrit. « Je vais le lire, et je vous dirai. »

La fin

En ce printemps 1995, le président est couché dans son lit. Il me donne d'abord des nouvelles de sa santé. Les séances de radiothérapie lui font du bien, elles calment les douleurs des métastases osseuses. « Mais je dors mal et je me sens vidé de mon énergie. »

« Je vais peut-être m'en tirer, mais jusqu'à quand ? Tous les cancéreux disent cela, n'est-ce pas ? ajoute-t-il, en guettant ma réaction. De toutes les façons, la mort me rattrapera, si ce n'est pas maintenant, ce sera dans deux ans, autrement dit après-demain. »

François Mitterrand me confie que les médecins lui avaient donné six mois à vivre après sa dernière opération. « J'ai dépassé la date fatidique. Je pense que j'irai au bout de mon mandat, et même au-delà. »

Ce qui est dur à ses yeux, c'est la souffrance à l'idée de mourir, de quitter ceux qu'il aime, sans espérance de retrouvailles. « Il y a quelque chose d'antinomique entre l'amour et la mort, non ? L'amour est un sentiment qui a besoin d'éternité. Que restera-t-il de nous après ? S'il reste quelque chose ! »

Puis il m'interroge sur le moment exact de la mort. Qu'ai-je observé ?

« Plusieurs personnes, lui dis-je, sont mortes dans mes bras. Le moment de la mort n'est rien, c'est si simple. Pourquoi en avoir peur et s'imaginer tant de choses ? »

François Mitterrand me raconte la mort de sa tante, dans les années 1970. Elle avait 93 ans. « Elle a vécu dans la terreur de la mort, et puis, un jour, de passage à Paris, je suis allée la voir. Elle était en train de mourir, sa fille était auprès d'elle et lui tenait la main. Je me suis assis et j'ai pris l'autre main. Elle a murmuré quelque chose : "Ah ! François, tu es là ?" Et puis elle est morte. Je me suis dit : comment une femme qui a eu toute sa vie si peur de la mort peut-elle mourir aussi paisiblement ? Sa fille m'a dit que, depuis quinze jours, elle était dans une sérénité totale ! Vois-tu, ajoute-t-il, me tutoyant à nouveau, c'est la sérénité de l'esprit que j'aimerais acquérir avant de mourir. Repasse me voir, Marie, comme ça… » dit-il sur un ton affectueux qui me touche.

Le 16 mai 1995, je reçois un appel. François Mitterrand me demande de passer à son bureau.

Je le trouve très fatigué, tendu, nerveux. Le lendemain, il doit quitter l'Élysée.

Je comprends alors à quel point sa fonction présidentielle l'a soutenu dans sa maladie. Quand je prends de ses nouvelles, il me répond, presque en colère : « Vous savez bien que je ne peux plus aller mieux. » Le ton est tranchant. À moi de me souvenir de cela.

« Asseyez-vous ! »

Je suis émue de venir pour la dernière fois dans son bureau. J'évoque nos premières rencontres, gravées en moi, et que je n'oublierai jamais. Cela ne le déride pas. Je me tais. Il quitte alors le bureau et revient quelques minutes plus tard avec un texte.

« Voilà ma préface à votre livre. »

Depuis le jour où je lui ai demandé de m'écrire quelque chose pour aider mon livre *La Mort intime*, je n'avais plus jamais évoqué ce texte. Il m'avait répondu : « Je verrai, je vous dirai… » Quand je lui rendais visite dans sa chambre, j'apercevais le manuscrit posé sur sa table de nuit, les pages cornées et annotées qui me prouvaient qu'il le lisait. Mais je n'ai plus jamais osé aborder ce sujet. Quand mon éditeur, Robert Laffont, me posait la question : « Alors, cette préface, l'aurons-nous ? », je lui répondais que je ne savais pas. En effet, je ne savais plus. Mais je m'étais promis de ne pas la réclamer.

C'est pourquoi, quand François Mitterrand me tend ces feuillets, cet après-midi-là, en me disant : « C'est un très bon livre », je suis bouleversée.

La reprenant, il lit sa préface une dernière fois, et marmonne quelque chose en rayant un mot à la fin : « C'est trop élogieux ! Je vais corriger ça ! »

Il disparaît à nouveau dans son secrétariat et revient avec le texte corrigé.

« Voilà, maintenant, il faut que je fasse mes cartons ! La prochaine fois, je vous recevrai dans mon appartement parisien. »

Je quitte donc ce palais, le cœur un peu lourd, partagée entre la joie de tenir dans mes mains une préface du président, consciente du cadeau qu'il me fait, et la tristesse de tourner, moi aussi, une page.

Avant la fin du mois de mai 1995 s'institue le rituel de mes visites avenue Frédéric-Le-Play, où François Mitterrand s'est installé après avoir quitté l'Élysée. C'est là qu'il vit désormais, à proximité de ses bureaux.

Je sonne à l'interphone, donne mon nom, monte dans l'ascenseur. On me fait parfois attendre sur le canapé bleu de l'entrée, mais très vite je connais le chemin de la chambre.

Je croise parfois à nouveau le docteur Tarot, très discret.

François Mitterrand souffre. Ses métastases osseuses ont raison de sa sérénité. Il me demande souvent de poser ma main là où il a mal. Nous restons ainsi le temps de ma visite, en parlant. Il réclame que je lui parle de moi, de mes recherches spirituelles.

Il s'informe de la date de publication de *La Mort intime*. Je lui rappelle qu'elle est fixée depuis longtemps au 14 septembre. On ne l'avancera pas.

« Même si je meurs avant ?

— Même si vous mourez avant. »

Je le sens rassuré.

Juin arrive. François Mitterrand me reçoit alité. Un après-midi, il me raconte qu'en revenant de promenade, il a remarqué une voiture garée devant son immeuble. Le coffre était ouvert. Il s'est approché et il a aperçu le reliquaire de sainte Thérèse de Lisieux. « Ils ont décidé de venir me montrer les reliques, avant de les ramener à Lisieux. Que voulez-vous que je fasse ? J'ai touché le reliquaire, il fallait bien, non ? »

Nous avons parlé de sainte Thérèse et j'ai rappelé au président cette phrase qu'il m'avait lui même citée en me parlant un jour de la sainte : « *Je passerai mon ciel à faire du bien sur la terre.* »

« Vous voyez, je me rapproche des saints, dit-il avec un sourire, c'est sans doute à cela que je sens l'approche de la mort. »

En plein été, je passe par Paris. Mon éditeur vient de recevoir l'édition de *La Mort intime*. Je décide alors d'en porter un exemplaire à François Mitterrand.

Nous sommes le 2 août. Le président est rentré de Gordes pour une séance de radiothérapie. « C'est la seule chose qui me soulage un peu. » Il est sur une chaise longue, au milieu de coussins. Je lui offre le livre que je lui ai dédicacé, et ne cache pas ma fierté. Il me félicite pour la couverture blanche, « si simple ». « Vous me faites un immense cadeau, dis-je, votre nom sur la couverture ! Vous allez aider ce livre, je n'en doute pas.

— Vous croyez ? »

François Mitterrand a ce petit sourire malicieux et légèrement tendre que je lui connais. Cela prouve que sa séance de rayons lui a fait du bien.

Une femme entre de façon impromptue. Je ne l'ai jamais croisée. Brune, les cheveux tirés en arrière. Elle porte un plateau, car c'est l'heure du déjeuner. Une fois qu'elle a posé le plateau sur une table près du président, elle s'éclipse.

François Mitterrand n'a fait aucune présentation. Je sais maintenant qu'il s'agissait d'Anne Pingeot. Mais pourquoi m'aurait-il présentée ? Je suis toujours assignée à son tiroir secret.

Dans les semaines qui suivent, François Mitterrand me téléphone souvent. Il veut savoir comment se prépare le lancement de mon livre. « Laissez faire votre éditeur », me conseille-t-il.

Fin août, je termine mes vacances à l'île d'Yeu. Nous dînons un soir au port de la Meule, mon mari et moi, avec le journaliste Paul Guilbert et sa compagne Raphaëlle Billetdoux. J'annonce à Paul la sortie prochaine de mon livre, fixée au 14 septembre. Quelle n'est pas ma surprise de découvrir quelques jours plus tard un entrefilet dans *Le Figaro* intitulé « Le cadeau de Mitterrand à Marie ». Paul Guilbert n'a pas su attendre. Le lendemain, *Le Monde* titre au milieu de la première page : « Mitterrand, la mort intime et le désir de vivre ».

Le président m'appelle. « Qu'est-ce que c'est que ce livre qu'on ne trouve nulle part ? » Il me dit être assailli d'appels d'amis, de gens qui lui demandent où trouver le livre. Mon éditeur ne bouge pas. La sortie du livre est prévue le 14 septembre, il sortira à cette date.

Les journalistes, qui ont reçu le service de presse, sont dans une sorte de surenchère. On cite des phrases de la préface, des passages de mon livre, et celui-ci ne sort toujours pas en librairie. Cela amuse le président, qui, de son côté, fait patienter les impatients.

Le livre paraît enfin. Une des premières personnes à se manifester auprès de moi est Danielle Mitterrand. Elle veut me voir et m'invite à la rencontrer à la fondation France Libertés. Elle se souvient de notre brève rencontre dans la bibliothèque de l'Élysée, alors que je déjeunais en tête-à-tête avec François Mitterrand.

Elle a dévoré mon livre, dit-elle, mais aujourd'hui elle veut me parler de son inquiétude. « François ne se soigne pas. Il refuse les traitements des médecins, et fait appel à des "gourous" », me dit-elle. C'est ainsi qu'elle qualifie les homéopathes que consulte le président.

J'en profite pour lui préciser que je ne me suis jamais mêlée des traitements de son mari. Il ne m'a d'ailleurs jamais demandé mon avis. Nos conversations se situent à un autre niveau, plus psychologique, plus spirituel. J'ignore en effet à qui le président fait appel pour sa maladie. J'ai croisé le docteur Gubler au début, et le docteur Tarot maintenant. Mais je ne me suis jamais mêlée des choix du président.

Je sens néanmoins l'angoisse palpable d'une femme qui pressent que la mort est proche. Je sens qu'elle a du mal à l'admettre. Faisant le choix de la franchise, je lui donne mon sentiment : oui, le président vit ses derniers mois. Il ne guérira pas. La seule chose qu'on puisse faire pour lui, c'est le soulager. À ma surprise, elle me remercie de ma franchise.

« François Mitterrand m'a dit un jour qu'il aimerait que je sois là dans ses derniers instants, lui dis-je, mais je pense qu'on ne me laissera pas l'approcher. – Dans ce cas, dit-elle, faites-le-moi savoir, je m'arrangerai pour qu'on vous laisse venir. »

Cette bienveillance à mon égard me touche.

Puis, nous parlons de la mort. Danielle me raconte qu'à la faveur d'une opération récente elle a fait une expérience de décorporation. Elle flottait au-dessus de son corps sur lequel les médecins étaient penchés. Elle se souvient d'avoir vu son « corps spirituel » (*sic*) et qu'il était violet.

Dans cette courte entrevue, nous avons donc noué une relation très authentique.

Après la mort de son mari, elle cherchera d'ailleurs à me revoir. En m'invitant avec Christopher, mon mari, qu'elle connaissait bien comme interprète, à Latche. Je n'avais jamais vu cette maison que le président aimait, ni sa chambre ronde tapissée de rayonnages remplis de livres de poche. Nous avons dormi dans la chambre d'amis, celle dans laquelle le chancelier Kohl, ce géant, avait dormi lorsqu'il était venu en visite privée à Latche. Je me suis toujours demandé comment il avait tenu dans un lit si petit !

Tout cela nous a rapprochées et une amitié sincère s'est nouée entre nous, au fil des années, jusqu'à sa mort.

*

Le 6 octobre, je lui avais envoyé une carte postale représentant François d'Assise parlant aux oiseaux. Je suis touchée de voir la carte sur sa table de nuit.

« Je suis inondé de lettres de gens qui réagissent à ma préface. »

Les lit-il toutes ? J'en doute. Je devine que l'un de ses conseillers doit lui passer les plus intéressantes. Ou bien lui résumer ces si nombreux messages.

Mon livre caracole en tête des listes des meilleures ventes de livres. *Libération* me consacre un portrait en dernière page intitulé : « L'ange de la mort ». Un matin, je trouve François

Mitterrand avec le journal dans les mains. « Ils exagèrent ! Vous avez été plutôt pour moi l'ange de la vie. »

*

Je suis invitée au « Cercle de minuit » par Laure Adler. Le lendemain, François Mitterrand me demande comment s'est passée l'émission. « Mal, lui dis-je. Laure Adler n'a même pas cité votre préface. Elle avait invité sur le plateau Mano Solo, le chanteur atteint du sida. Celui-ci m'a dit avec une brutalité destinée à me blesser qu'il détesterait m'avoir près de lui, s'il était mourant. "Je n'aime pas votre regard de chien battu", a-t-il ajouté. Laure Adler semblait jubiler. »

François Mitterrand me dit que cela ne l'étonne pas. « Elle vous jalouse, dit-il. Et puis, je tiens à vous dire que votre prétendu regard de chien battu, ces paupières qui tombent, cela fait votre charme. C'est ce que j'ai tout de suite aimé chez vous. Vous avez le même regard que ma mère. »

*

« Les médecins se disputent. Ils ne savent rien. »

François Mitterrand semble de très mauvaise humeur. Je lui demande s'il sent venir la fin. « Je pense que oui. Je n'ai plus de goût à grand-chose. Je ne peux plus marcher plus de trois cents mètres sans m'asseoir. »

Je m'installe au pied du lit pour que le président puisse mettre ses pieds sur mes genoux, afin que je les lui masse, doucement. C'est une chose qu'il me réclame maintenant. Il dit qu'il sent l'énergie revenir sous mes mains.

Sur sa table de chevet, je remarque un petit livre que je connais bien : *Les Récits d'un pèlerin russe*. Il s'agit du voyage intérieur d'un pèlerin qui, ayant lu l'injonction de saint Paul[1] « *priez sans cesse* », se rend dans les églises et les monastères pour tenter de comprendre comment prier sans cesse. Il rencontre un père spirituel orthodoxe qui lui enseigne la « prière du cœur » et lui donne des conseils sur la façon de réciter continuellement cette prière comme un mantra.

Tandis que je masse ses pieds, François Mitterrand me dit qu'il n'a pas trouvé son mantra, et me demande si j'en ai un. Je pratique la prière du cœur depuis des années, et j'ai souvent changé de mantra, mais aujourd'hui mon mantra est tiré du psaume 131 dans la Bible : « Je

1. Saint Paul, première Épître aux Thessaloniciens, V, 17.

tiens mon âme silencieuse et tranquille comme un enfant sur le sein de sa mère. »

*

Un jour où je lui demande s'il se sent en paix, François Mitterrand me répond : « Comment voulez-vous que je le sois ? J'ai donné ma confiance à des gens qui m'ont trahi. Mais je suis trop naïf parfois, mon intuition m'a joué des tours. »

Je sens qu'approche l'heure d'une sorte de retour sur soi.

« J'ai fait ce que j'ai pu, mais j'ai une personnalité si complexe. J'ai toujours été tiraillé entre les contraires. J'aurais aimé consacrer ma vie à la littérature, mais je crois que je manque d'imagination, et puis d'autres forces me poussaient à agir. Je vous ai déjà dit, je crois, qu'enfant je voulais être pape ou roi. Je crois que je sentais une force, une ambition, hors du commun. Au service de quoi allais-je la mettre ? Au service de la spiritualité ou de la politique ? Vous voyez comment ma vie a tourné ? C'est la politique qui s'est emparée de moi. Cette ambition-là était à ma portée. L'autre... la vie spirituelle... je crois que j'ai très vite senti qu'ambition et spiritualité ne faisaient pas bon ménage. »

Le président ferme les yeux et laisse passer un long silence.

« Il y a une chose dont j'ai été très conscient. Le pouvoir exorbitant que la Ve République donne au président. Heureusement, aucun président – moi compris – n'en a abusé, de ce pouvoir. Car il est dangereux. Je ne sais pas ce qui se passera après moi, mais j'espère qu'aucun de mes successeurs n'ira au bout de ce pouvoir. »

Je demande au président s'il pense parfois à l'avenir de la France. Les socialistes reviendront-ils au pouvoir ?

« Mais bien sûr ! Vous verrez ! Quelqu'un vous étonnera, c'est Ségolène Royal. Elle a juste un défaut, c'est son mari ! » ajoute-t-il en riant.

*

François Mitterrand me demande de l'aider à le relever contre ses oreillers. Il grimace. Puis il m'invite à me rapprocher. Je m'assois sur le lit, contre lui. Lui, me prend la main.

« J'ai fait ce que j'ai pu, lâche-t-il sur un ton un peu las. Mais, vous voyez, mon ambivalence a sans doute été un frein.

— Moi, c'est plutôt quelque chose que j'admire chez vous, mon cher président. Vous avez assumé vos contradictions.

— Croyez-vous ? » interroge-t-il dans un souffle.

Ce n'est évidemment pas à moi de répondre. Mais je ne peux m'empêcher de citer une fois de plus Jung, dont le cœur de la théorie de l'individuation est précisément d'oser vivre ses contraires sans chercher à les résoudre. « *Tenir ensemble les choses contradictoires* », disait Jung, est la chose la plus noble que l'être humain puisse faire. La solution vient alors d'ailleurs, du « troisième terme ». Expression par laquelle Jung tentait d'introduire l'idée d'une transcendance.

« Nous n'avons pas d'autre choix sur terre que d'être entièrement nous-mêmes. Le reste ne nous appartient pas. Tant de gens n'osent pas être eux-mêmes. Tant de gens se conforment à "ce que l'on doit être", à la morale, à des règles. Parvenus au bout de leur vie, ils ont cette impression étrange d'être passés à côté d'eux-mêmes. Mais ce n'est pas votre cas. Peut-être que la seule manière de trouver la paix maintenant, c'est d'accepter que votre âme ait été tiraillée toute sa vie. C'est cette acceptation qui lui permettra de se sentir unifiée.

— Vous me faites du bien, revenez vite ! » dit-il alors que je m'apprête à prendre congé.

*

Nous sommes le dernier jour de novembre.

« Cette maladie m'épuise. Je perds toutes mes forces. J'ai l'impression que la vie se retire lentement. »

Ce jour-là, François Mitterrand me confie : « Mourir, ce n'est pas une affaire. J'ai longtemps eu du mal à surmonter tout à fait l'angoisse de la mort, mais aujourd'hui cela ne m'affecte plus de la même manière. C'est un arrachement à soi-même qu'on finit par accepter. »

Baltique se met à lécher les mains du président avec passion. Je vois dans les yeux de l'homme alité, si affaibli, une lueur de joie. « Elle, au moins, elle m'aime, elle est tendre. »

Je mesure alors en observant sa chienne se lover de tout son corps lourd contre celui du président la solitude de cet homme que si peu de personnes sans doute osent approcher et le besoin qu'il a d'un contact physique, charnel.

*

Décembre arrive.

Je suis, comme souvent ces jours-ci, assise au pied de son lit, ses pieds que je masse sur mes genoux.

Quand je me rends à son chevet, le président me reçoit couché. Il sent que la vie l'abandonne et en éprouve de la tristesse. « Mes forces me quittent. Je n'ai même plus faim. Si seulement on pouvait rétablir le contact ! »

Je comprends qu'il me demande de l'aider à sentir la vie circuler en lui. C'est pourquoi il aime tant que je lui masse les pieds. « Ça me donne un peu d'énergie », me dit-il.

« On me dissuade d'entreprendre ce voyage en Égypte pour Noël.

— Avez-vous vraiment envie de le faire ?

— Oui, ce serait bien de mourir là-bas, non ?

— Je suis d'avis qu'il faut rester vivant jusqu'à la mort. Et si rester vivant pour vous, c'est aller à Assouan, allez-y ! Faites tout ce qui vous importe avant de mourir. »

Le docteur Tarot entre sans frapper dans la chambre. Me voyant aux pieds du président, il s'exclame : « Elle vous fait du bien, Marie de Hennezel, avec ses mains ! »

D'un air bougon, le président réplique du tac au tac : « Et pas seulement avec ses mains ! »

J'avoue que cette phrase du président m'a beaucoup touchée. Il était plutôt avare de compliments.

Le docteur est venu rappeler à François Mitterrand qu'une promenade au Champde-Mars est prévue avant déjeuner. Je l'aide à se lever. Il gémit et je me rends compte combien il souffre et surtout combien il est affaibli. Assis, nous l'aidons à enfiler ses chaussures, Tarot et moi. Puis à se mettre debout. Il ne manque que la casquette. Il est prêt pour la promenade, et je m'éclipse.

*

Il nous arrive de reparler de l'au-delà. « Nous ne savons rien, n'est-ce pas ? m'interroge le président. Pas de certitudes, pas de conclusion à la question métaphysique, sinon celle d'espérer. On verra bien, n'est-ce pas ? »

J'ai envie de reparler de Maurice Zundel, parce que je n'ai jamais rien lu d'aussi apaisant. Nous passons notre vie, dit-il, à nous poser des questions et, ce faisant, nous approfondissons notre vie spirituelle. Rien ne nous interdit de penser que tout cet acquis spirituel ne subsiste pas sous une forme impossible à imaginer. Rien ne nous interdit de penser que « notre longueur d'onde caractéristique » n'ira pas informer d'autres corps, après notre mort. Nous sommes tellement limités dans notre perception des choses, nous savons si peu de choses ! Restons ouverts à la surprise, dit-il, en quelque sorte, et gardons les forces de l'esprit vivantes en nous.

« Vous me faites penser, ma chère Marie, à cette phrase de maître Eckhart que j'ai notée un jour, et à laquelle je pense beaucoup ces jours-ci : « *Quiconque croit que l'Esprit est présent en lui-même ne périra pas mais jouira de la Vie éternelle.* »

Quelques jours plus tard, François Mitterrand veut parler avec moi des conditions de sa mort. « Vous savez, je sais très bien où j'en suis. Mes métastases gagnent du terrain. Elles atteindront bientôt le cerveau. Vous savez que je ne veux pas finir en perdant ma conscience. Que dois-je faire ?

— Il me semble, lui dis-je, qu'il faut d'abord que vous honoriez ces rendez-vous importants, quasiment rituels, que vous avez avec l'Égypte et puis ensuite avec Latche. Cela m'étonnerait que votre cerveau vous lâche avant. Mais après, quand vous rentrerez à Paris, et si vous sentez le moment venu, il vous suffit de cesser de vous alimenter et de demander à Tarot qu'il veille à ce que vous ne souffriez pas. Je puis vous assurer que la mort ne mettra pas longtemps à venir, tout au plus deux ou trois jours.

— Vous êtes sûre qu'il ne sera pas nécessaire de me piquer ? »

J'assure le président que non. J'ai accompagné tant de personnes au seuil de leur mort que je sais que, lorsqu'on cesse de s'alimenter et que l'on est intérieurement prêt à mourir, la mort vient d'elle-même. Pas besoin de la provoquer. Et le docteur Tarot sera là pour veiller à ce qu'il s'endorme doucement.

« Viendrez-vous ?

— Si vous le souhaitez, bien sûr, mais je ne suis pas sûre qu'on me laisse avoir accès à vous ! »

Il nous arrive de parler encore du moment de la mort. Je sens François Mitterrand inquiet. Même s'il me dit qu'il a confiance en Tarot. Il sait que le médecin ne le lâchera pas, mais tout de même ! Comment cela va-t-il se passer ? Je raconte alors au président la conversation que j'ai eue, la semaine dernière, avec une femme qui me demandait : « Comment mon âme va-t-elle se séparer de mon corps ? »

Je me suis enquise alors de la manière dont elle souhaitait que ça se passe. « Dans mon sommeil, sans que je m'en aperçoive. » Je lui ai simplement répondu : « Faites confiance à ce qui, en vous, veut mourir de cette façon-là ! » La femme m'a jeté un beau regard, étonné mais paisible. Elle est morte le lendemain dans son sommeil, comme elle le voulait. François

Mitterrand ne dit rien, mais il prend ma main et l'embrasse.

Puis il ajoute tout de même : « Je sais très bien ce que je ne veux pas vivre. »

*

Nous sommes le 19 décembre.

Le président est toujours alité. Il porte un gros pull rouge, enfilé à l'envers. Baltique est là, couchée au pied du lit.

Je viens prendre congé, car je pars le lendemain pour Venise avec Christopher. Et comme le président s'envole pour Assouan avant Noël, ce sera donc ma dernière visite de l'année.

Je découvre François Mitterrand si affaibli, si vulnérable que je ne peux réprimer mon émotion.

« Penserez-vous à moi après ma mort ? » Le président attire alors ma tête contre sa poitrine et la tient un bon moment ainsi, entre ses mains. Je l'entends respirer, bouleversée. Ce souffle, cette vie, encore là.

C'est alors que les mots jaillissent, imprévus. Des mots de gratitude qui me montent aux lèvres : « Vous ne m'avez fait que du bien ! » J'insiste sur la confiance qu'il m'a faite, quelque chose d'infiniment précieux, qui reste maintenant en moi, comme une force inaltérable.

« Sans vous, je ne serais pas devenue celle que je suis aujourd'hui », ai-je affirmé en me redressant. Je vois alors une larme couler le long de sa joue. Puis, me chassant presque tendrement :

« Vous mettrez une pierre en souvenir de moi à côté de *votre* pierre ? »

C'est ainsi qu'il nomme le petit menhir près duquel il est venu méditer il y a trois ans. Il sait l'importance que cette pierre levée revêt pour moi.

Nous sommes ensemble depuis bientôt deux heures. D'habitude, c'est toujours le président qui met fin à nos rencontres. Ce jour là, c'est moi qui prends congé. J'ai un rendez-vous à l'hôpital et je dois partir. Je le quitte, tellement émue. Sans doute ai-je perçu qu'il vient de me dire au revoir.

Quelques jours plus tard, je l'appelle de Venise. Je lui demande où il aimerait que je me rende en pensant à lui.

« Allez à la basilique dei Frari. Allez voir le tableau du Titien, vous savez, *L'Assomption de la Vierge*, et pensez à moi ! »

Bien sûr ! Il m'avait si souvent parlé du regard si particulier de la Vierge, levé vers le ciel, ce visage qui lui faisait tellement penser à sa mère. Ah, cette montée au ciel de sa mère !

« Vous savez, m'avait-il dit, ma mère avait l'habitude d'élever son cœur vers Dieu quatre fois par jour ! »

Il ne manquait donc jamais d'aller voir ce visage de femme tendu vers le ciel, quand il venait à Venise. Je lui promets de m'y rendre le lendemain.

« Où êtes-vous allée ? » questionne-t-il encore. Il y a dans cette soif d'entendre parler de Venise quelque chose qui m'émeut. Je lui raconte les lieux qu'il aime et que j'aime aussi, la Giudecca, l'Altanella où Christopher et moi sommes allés dîner en parlant de lui pendant tout le repas. La messe de 11 heures le dimanche à San Marco, que je ne manque jamais, à cause de tous les ors byzantins qu'on éclaire spécialement à cette occasion. Je suis passée devant le palais de son ami, le peintre Zoran Music, bref, je pèlerine pour lui.

François Mitterrand semble touché.

« Comment allez-vous ? ai-je enfin demandé.

— Je me sens faible, faible, je ne sais pas si je vais tenir le coup jusqu'à Assouan. »

Nous nous promettons de nous voir dès son retour à Paris.

Comme tout le monde je vois les photos du président dans la presse. Il tient à peine debout devant le hall de l'hôtel Old Cataract. Puis cette photo assez impudique sur laquelle on devine qu'il ne peut s'alimenter sans aide. Mon cœur se serre.

Le 1er janvier, je reçois un appel. François Mitterrand me souhaite la bonne année. Sa voix n'est pas mauvaise. Nous échangeons quelques mots : « Je rentre demain à Paris, me dit-il, venez me voir le 3 janvier à 11 heures. »

Le 3 janvier, à 10 heures, le docteur Tarot m'appelle. Il me demande si « je peux croiser n'importe qui au chevet de François Mitterrand ». Je lui réponds que je ne connais personne dans l'entourage du président. Tarot me propose de venir alors dans l'après-midi. « Ce ne sera pas possible », ai-je répondu. Je dois prendre un avion pour la Martinique, où l'on m'attend pour une formation de soignants aux soins palliatifs. Je demande à Tarot de m'excuser auprès du président et lui dis que je serai de retour le 8 janvier.

Le 7 janvier, quelques mots du docteur Tarot sur ma messagerie à Paris m'annoncent que c'est la fin. « Les choses deviennent préoccupantes ! »

Il est 21 heures en Martinique lorsque j'en prends connaissance. J'essaie d'appeler mais évidemment mon appel tombe dans le vide. Il est 3 heures du matin à Paris.

Au petit matin, j'apprends sa mort en écoutant la radio.

Cette nuit-là, j'ai peu dormi. J'ai rêvé que François Mitterrand se penchait à mon oreille et me disait de sa voix si particulière : « Vous savez où me retrouver ! » Le rêve m'a réveillée et j'ai compris qu'il était en train de mourir. J'ai repensé alors avec émotion à cette conversation que nous avions eue à propos du pont invisible dont Victor Hugo parle dans *Les Contemplations* en désignant la prière.

Bien sûr, j'aurais aimé être proche, physiquement, de lui, mais j'avais compris depuis longtemps que ce ne serait sans doute pas possible. J'étais loin, à des milliers de kilomètres, et cette distance a sans doute rendu les choses plus faciles à accepter. Car je ne pouvais *rien faire*, sinon l'accompagner en pensée et par la prière. C'est ce que j'ai fait, toute la nuit.

Vingt ans après

« On ne peut pas nier que le secret et le silence ne confèrent à l'homme une réelle grandeur, et précisément parce qu'ils sont des déterminations de la vie intérieure. »

Kierkegaard.

Il fallait éclairer cette phrase énigmatique que les Français avaient entendue, le soir du 31 décembre 1994, de la bouche d'un président affaibli par la maladie, et qui voulait, au moment de partir, leur délivrer un message : « Je crois aux forces de l'esprit. »

Éclairer cette phrase, je pouvais tenter de le faire, puisque j'ai eu la chance d'être témoin pendant douze ans de la soif spirituelle de François Mitterrand. Un témoin privilégié, qu'il avait choisi lui-même. Car il avait perçu très vite que j'avais l'esprit ouvert. Il était curieux de ma façon de faire des liens entre les diverses approches spirituelles, loin de tout dogmatisme.

Le fait d'avouer ne pas savoir s'il croyait ou pas en Dieu ne signifiait en aucun cas que la question était résolue. S'il se démarquait des « croyants », c'était parce qu'une certaine façon traditionnelle de penser Dieu n'avait plus aucun sens pour lui. Mais, quand on en parlait autrement, comme je le faisais, alors il écoutait.

On l'a compris, ce n'est pas l'homme public, ni même l'homme privé, que j'ai appris à connaître, mais le *chercheur spirituel*, aux prises avec ses interrogations métaphysiques, curieux des choses de la mort et de l'esprit. L'homme profond, à certains égards mystique, ayant un sens du divin, une expérience sensible de Dieu, qu'il a dû garder toute sa vie au secret.

Le secret, c'était *la* condition pour que cette vie de l'esprit soit compatible avec le choix qu'il avait fait de l'action politique. Et pas n'importe laquelle. Le socialisme, pour François Mitterrand, c'était un combat pour plus d'égalité, de fraternité et de liberté, pour plus de partage. Il fallait agir, parler, se battre. Les compagnons de route ne s'encombraient pas de préoccupations spirituelles et n'avaient pas de goût particulier pour la *vie intérieure*.

Pourtant, il estimait que cette dimension était essentielle à l'action. Elle la soutenait. Combien de fois l'ai-je entendu me dire qu'un homme politique, à plus forte raison un chef d'État, devait avoir une profondeur spirituelle. Quand on est investi d'une charge aussi lourde, on ne peut s'appuyer seulement sur sa volonté et son intelligence. Il faut compter, disait-il, sur les « forces de l'esprit ».

Par « esprit », il entendait bien sûr tout ce qui s'oppose au matériel, la pensée sensible, intuitive, venant des profondeurs de l'être, mais il incluait aussi l'*Esprit*, les forces qui viennent d'ailleurs, d'un invisible, d'une transcendance dont nous ne savons presque rien.

DU MÊME AUTEUR

L'Amour ultime : l'accompagnement des mourants,
avec Johanne de Montigny,
Hatier, 1991, LGF ; Le Livre de Poche, 1997

La Mort intime
Ceux qui vont mourir nous apprennent à vivre,
Robert Laffont, 1995 et 2001 ; Pocket, 1997

L'Art de mourir. Traditions religieuses et spiritualité humaniste face à la mort aujourd'hui,
avec Jean-Yves Leloup,
Robert Laffont, 1997 ; Pocket, 1999

Croître jusqu'au dernier moment,
avec Edmond Blattchen Alice,
2001

Nous ne nous sommes pas dit au revoir
La dimension humaine du débat sur l'euthanasie,
Robert Laffont, 2001 ; Pocket, 2002

Le Souci de l'autre,
Robert Laffont, 2004
Prix « Livres et droits de l'homme » de la Ville de Nancy, 2004

Propositions pour une vie digne jusqu'au bout,
Le Seuil, 2004

Mourir les yeux ouverts,
Albin Michel, 2005 ; Pocket, 2007

La Sagesse d'une psychologue,
L'œil neuf, 2009

La chaleur du cœur empêche nos corps de rouiller,
Robert Laffont, 2008 ; Pocket, 2010

Une vie pour se mettre au monde,
en collaboration avec Bertrand Vergely,
Carnets Nord, 2010 ; Pocket, 2012

Qu'allons-nous faire de vous ?
avec Édouard de Hennezel,
Carnets Nord, 2011 ; Pocket, 2013

Nous voulons tous mourir dans la dignité
Robert Laffont, 2013 ; Pocket, 2015

J'ai choisi de me battre, j'ai choisi de guérir,
avec Claude Pinault,
Robert Laffont, 2014

Sex and Sixty
Robert Laffont, 2015

L'Âge, le désir et l'amour
Pocket, 2016

www.mariedehennezel.fr

Composition et mise en pages
Nord Compo à Villeneuve-d'Ascq

Cet ouvrage a été imprimé en France par
CPI
pour le compte des Éditions Fayard
en octobre 2016

Dépôt légal : septembre 2016
N° d'édition : 11-6615-4/02 - N° d'impression : 2026350